世界で通用する「地頭力」のつくり方

Adaptability for a rapidly changing world

自分をグローバル化する
5+1の習慣

山中俊之
Toshiyuki Yamanaka

CCCメディアハウス

装丁――――――――増田佳明（next door design）
本文フォーマット―――next door design
校正――――――――円水社

目次

第3の習慣 「ワークスタイル」を変える……101

第4の習慣 「コミュニティ」を変える

第5の習慣 「オフ」を変える……171

補論 第6の習慣 「英語」を変える……205

はじめに

世界に通用する人材になるための習慣

私は、グローバルリーダー開発を本業としているトレーナーです。これまで4万人におよぶ国内外のリーダーやその候補の方々と研修・コンサルティング・大学講義・グローバルビジネス・外交の現場で向き合ってきました。「世界に通用する力を身につけて、活躍するためにはどうすべきか」ということは常に最大級のテーマであり、多くの世界のリーダーとともに議論してきました。

本書は、その経験や蓄積のもと、「情報」「知識」「ワークスタイル」「コミュニティ」「オフ」「英語」の観点から、日本人ビジネスパーソンの課題と課題解決のための習慣・方法論をまとめたものです。

《気がつくと「ガラパゴス化」してしまう日本社会》

日本でだけ通用する「ガラパゴス化」。これは私を含め、日本人ビジネスパーソンの多くに当てはまるかもしれません。職場の同僚や取引先と付き合い、テレビを見て、休日は自宅や近所で何となく過ごす……。意識せずにこのような日常を送っていると、ふと気づいたときには南太平洋の絶海の孤島にいるイグアナのようになっているかもしれません。

私は、世界の多くの革新的な製品・サービスを生み出しているスタートアップ企業（設立後間もないベンチャー企業）を数多く訪問させていただいています。そのときにいつも思うのは、「この企業について、日本の新聞や雑誌では報道されていない、少なくとも大きくは報道されていないな」「これだけインパクトのあるビジネスなのに日本では知られていないな」ということです。江戸時代の鎖国は昔の話であり、現在の日本はグローバル化されて世界に開かれていると考えがちですが、**今も半ば鎖国状態にある**ことは変わりません（詳細は後述します）。

現在、世界がグローバル化する中で、日本人の情報、知識、思考、行動、成果が国内だけに閉じて留まり、世界とのギャップはますます大きくなっています。そうしたなか、世界に通用しない人材を量産しているといえるでしょう。

母語で自国の人々と会話をし、自国のマスメディアから情報を得て、自国中心の思考によってビジネスを展開すること自体は世界中のどの国でも普通のことです。たとえば、米国でも一部の大都市を除けば、外国生まれの外国人と日常的に接する人はそう多くはありません。それにタブロイドなど一般大衆紙、三大ネットワークであるNBCやABCをはじめとするマスメディアから人々は情報を得ています（本書では新聞・雑誌・テレビなど既存のメディアを「マスメディア」とし、個人が投稿できるソーシャルメディアとは区別します。また両方を合わせて「メディア」と呼びます）。それらの多くは米国起点で米国中心のニュースです。

このように書くと、「自国起点・自国中心は日本に限らないので問題ないのではないか」との意見もあるでしょう。しかし、日本には次のような、いくつかの世界に閉じている特性があります。

《日本を「ガラパゴス化」させる3つの特性》

第一に、**人口が1億人を超える人口大国であるにもかかわらず、民族的・言語的に同質性が高い**ことです。世界には民族的にも言語的にも同質性の高い国が多数ありますが、そのような国の多くが小さな国です。

人口が1億を超える国は中国、インド、米国、インドネシア、ロシアなどがありますが、これらはすべて多民族（さらに多言語）で異質の存在を国内に抱えています。また、同じ民族であっても、地域による文化や風習の違いが大きいため、「異質の他者」を意識せざるを得ません（非民主国が少数民族問題に目を向けないように国民を統制することはありますが、逆に言えばそれだけ国政に影響を及ぼしうるほどの多くの「異質な存在」を内包しているということです）。このように国内に多様な民族や言語集団を抱えているので、日本とは異なり、いわば「身内」とは異なる異質な他者を意識せざるを得ないのです。

同質性の高い国の例として韓国が挙げられますが、韓国は人口約５１００万人（２０１６年）で国内市場が比較的小さいため、彼らは世界に目を向けています。母子で米国留学し、父親がひとり寂しく韓国で単身生活を送るといった事例を聞いたことがある人も多いのではないでしょうか。

確かに日本にも先住民族のアイヌ民族の他、在日コリアンをはじめとした海外に出自を持つ人々は多数居住しているのはご存じのとおりです。しかし、もともと同質性が高く、移民を本格的に受け入れたことがないため、１億人を超える他の人口大国と比較しても相対的に同質性が高いことは間違いありません。このように同質性が高い人口大国の場合、異質な他者への感覚が弱くなり、内向き志向が強化され、ガラパゴス化に繋がってしまいます。

第二に、**日本語が言語学的に国際標準語である英語から遠いため、英語を習得することが困難である**ことが挙げられます。それは同様に外国人の日本語学習への敬遠につながり、日本が閉じた国になる要因にもなっています。

民主主義国、かつ先進国のリーダー層（政治家、経営者、ジャーナリストなど）

で英語ができない比率がこれほどまでに高いのは日本くらいです（第6章で詳述します）。その要因には英語教育の質的・量的な問題の他、そもそも経済活動が日本国内で完結してしまうため、英語習得の必要性を感じにくいなど多様な要因があります。しかし、言語学的に英語をはじめとする他の国際言語との乖離が大きく、習得が難しくなっている点も見逃せません。

また、複雑な漢字を使用する日本語を外国人が習得することが難しいため、外国人の日本語習得も進みません。ご存じのとおり、中国本土の漢字は中国の共産党革命以降省略化されました（簡体字）。日本は中国本土よりも複雑な漢字を使っています（台湾は複雑な繁体字）。言語的な壁が大変に大きいのです。

第三に、日本人の**宗教に対する認識・理解の低さ**が挙げられます。いまも国際紛争の要因の多くが宗教であることは言うまでもなく、**世界の人々の思考や価値観の軸として宗教は大きな位置**を占めています。

たとえば、欧米社会では寄付が大変に重視されますが、これはキリスト教の価値観を反映したものです。しかし、日本人は宗教というと政治同様、何か触れてはいけないタブーになっているのが実態ではないでしょうか。そのため宗教について議論する機会が少なく、宗教への認識理解がなかなか進みません。このように宗教への理解が不十分だと、世界の多くのリーダーたちの価値観を理解することが難しくなってしまうのです。結果として、ガラパゴス化してしまいます。

もちろん欧米にも自分は無宗教であると言う人もいますが、欧米であればキリスト教的な価値観の影響を受けており、中東をはじめとするイスラム圏ではイスラム教の生活習慣や価値観が浸透しています。

これら3つの特性のため、日本人、日本社会はガラパゴス化してしまっていると私は考えます。

《グローバル化・AI化の「黒船」に打ち勝つ》

このように海外と日本を比較すると、「私はドメスティックな人間なので関係ない」と言う方もいると思います。しかし、本当に自分はまったく無関係といえるでしょうか。

いま、すべてのビジネスパーソンにとって大きな脅威になると考えられているのが、グローバル化とAI（人工知能）化です。

まず、グローバル化の脅威とは、**給与水準が比較的高い日本人ビジネスパーソンが海外のビジネスパーソンに代替されてしまう**ということです。

日本は、上級管理職を含めた経営者層、一部のIT技術者は別として、同規模・同業種の世界の企業と比較すると、国や業種にもよりますが、初級管理職クラスまでは給与が高い傾向にあると言われています。新興国の初級管理職と比較すると、日本人の給与の方が高いことは容易に想像がつくのではないでしょうか。

しかし、ここで「給料が高くてラッキー」と思ってはいけません。給与が高いということは、企業側から見ると「抑えられるべきコスト」です。同じパフォーマンスであるならば、人件費を抑えることのできる新興国をはじめとした海外での雇用にシフトすることを企業サイドは考えます。

自動車や家電などの工場の生産拠点が日本からコストの安い海外に移っていったことはみなさんもご存じのはずです。今後はマーケティング・研究開発などの拠点がどんどん海外に移っていく可能性があります。実際、私の本業である人材開発や研修の分野でも、外資系グローバル企業はアジアの拠点を東京からシンガポールや中国などに移転させており、東京からシンガポールに拠点を移した人もたくさんいます（日本のマスメディアでは東京一極集中の問題が報じられますが、それはあくまで国内に限定した話です。外資系グローバル企業のアジアにおける東京の地位は下落の一途で、世界の視点で見ればむしろ東京が衰退していることが課題です）。

このように日本人の仕事が海外に代替されつつある中で、国内だけに閉じた視点で他社の社員と給料を比較するだけでは不十分です。中国やインドなどの新興国で同じ仕事をしている人の給与と比較する必要があるのです。**自らの雇用や給与を、**

これからは世界視点で見ていかなくてはいけません。

最近、「少子高齢化で人手不足」「売り手市場」という話をメディアで聞くという方もいらっしゃると思います。しかし、それは建設、介護、外食や中小零細企業で仕事と賃金が見合わない需要と供給のミスマッチが原因です（もっとも賃金を大きく上げることはできないので簡単には解消しませんが）。

話が逸れましたが、もう一つの脅威であるＡＩ化についても見ていきます。今後、**多くの仕事はＡＩに置き換わっていきます。**生産現場だけでなく、事務、営業、中間管理職、さらには経営者の仕事までＡＩに置き換わっていく可能性があります。

英オックスフォード大学でＡＩの研究を行うマイケル・Ａ・オズボーン准教授によれば、今後米国の雇用の47％はＡＩなどによって失われるとされています（論文『雇用の未来―コンピューター化によって仕事は失われるのか』）。

また、ダボス会議を創設したクラウス・シュワブ氏は、「２０２０年代半ばまでにニュースの90％は人間の介在をほとんど必要としないアルゴリズムで生成される」可能性を指摘しています（『第四次産業革命―ダボス会議が予測する未来』日本経済新聞出版社）。専門性の高い職業とされる新聞記者ですらＡＩ化でなくなる可能性があるとは驚きです。

現在は指数関数的な変化の時代といわれます。指数関数的な変化とは、ＡＩを含むＩＴ技術やそのサービスの進化が線形のように徐々に変化するのではなく、何乗という指数関数のようにある段階から一気に急激に変化・成長するということです（図1参照）。１９９０年代初頭には存在しなかったグーグルやアマゾン、フェイスブックは、このような指数関数的な変化の波に乗って一気に市場を席巻しました。

グローバル化とＡＩ化、これらの脅威のため、これまで存在した仕事が一気になくなる危険性が高まっています。仮になくなってしまわなくとも、低賃金に甘んじることになってしまいます。

１８５３年、ペリーの黒船が来航しても、江戸幕府は未来永劫続くとほとんどの人が思い込んでいました。しかし、ペリー来航からわずか15年で２６０年続いた江戸幕府はいとも簡単に滅びてしまいました。現在、多くの日本人も幕末の日本人同様、「まあ、なんとかなるでしょう」とグローバル化とＡＩ化の動きをさほど深刻にはとらえていないかもしれません。

しかし、現在の2つの黒船、すなわちグローバル化とＡＩ化については、現役世代は十分に理解し、何らかの打ち手を講じておくことが必須です。今見てきたように、グローバル化やＡＩ化によって代替されて仕事を失ってしまうのではなく、自らの人材としての開発戦略を大きく変え、自らの市場価値を上げ、世界に通用する人材になる必要があるのです。

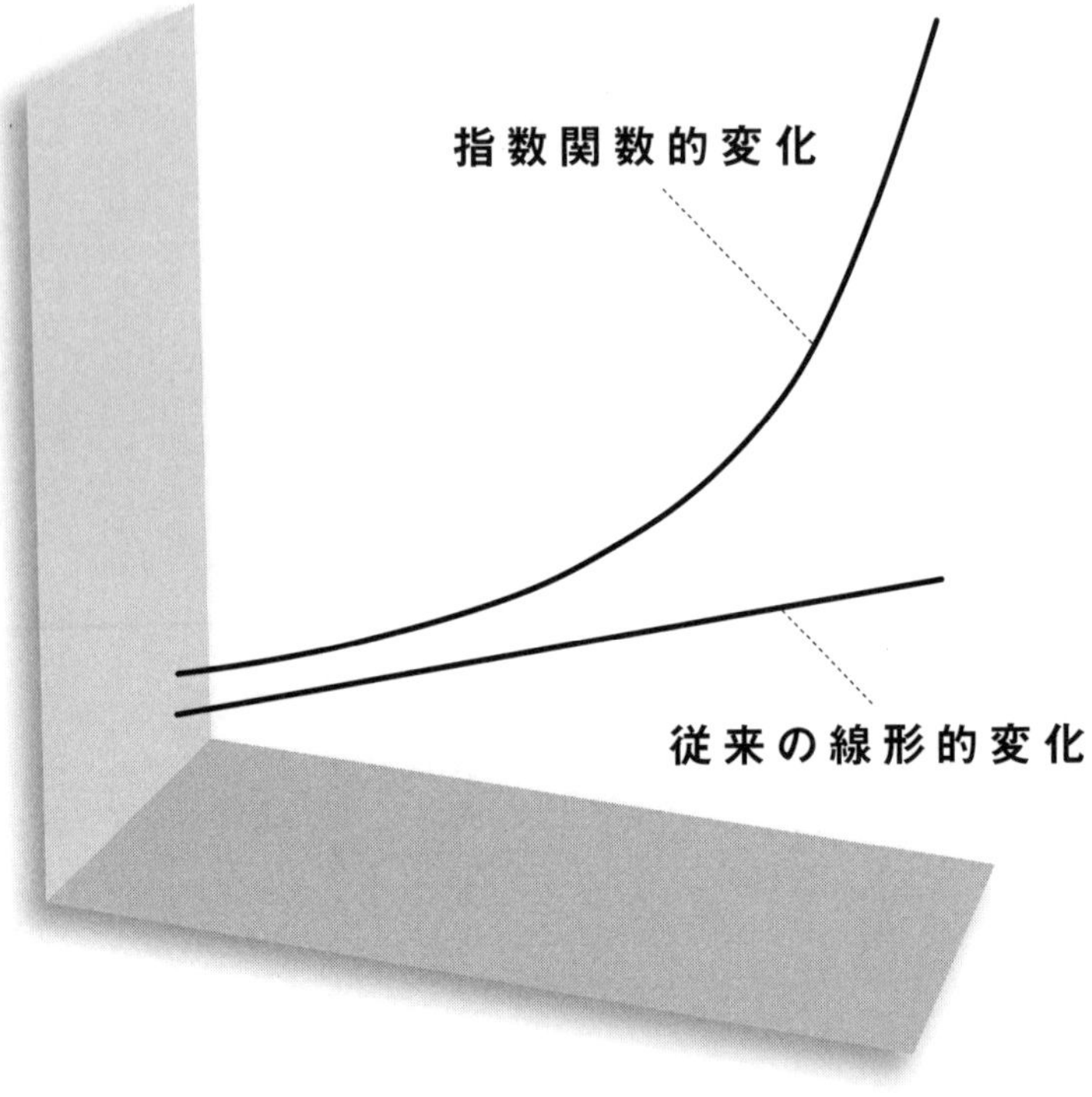

図1

本書の使い方

本書の3つの特徴

第一に、全体を通じて**リーダー開発・人材開発の視点**を重視しています。これは私の専門分野であり、研修や大学講義、実際のグローバルビジネスの現場で企業の将来を担う経営幹部やリーダーの開発・育成をお手伝いしています。

２０００年に人材開発のコンサルタントになって以来、累計約４０００人のリーダーにインタビューし、約３万人以上にリーダーシップに関連する研修を実施してきました。近年はアフリカでリーダー・イノベーター育成にも注力していますが、世界で起きている諸問題とその歴史・社会・文化など背景要因を議論しながら、リーダーとしての次の打ち手を考えています。そして、クライアント企業の世界のマーケット展開をお手伝いするだけでなく、自らも経営者として外資系グローバル企業とタフな交渉をしています。

また、エジプト・英国・サウジアラビアに外交官として駐在した経験、90か国以上で現地を徹底視察した経験、多数の国際会議に出席した経験、仏教思想に関連する修士号を取得し、現在は大学で芸術について学んでいる経験、これらも広い意味でリーダー開発のバックボーンになっています。

第二に、**インプットを重視**しています。

「もし8時間木を切る時間を与えられたら、そのうち6時間を斧を研ぐのに使うだろう」。これは第16代米国大統領のエイブラハム・リンカーンの言葉です。

何かを変えるにはインプットが必要不可欠です。本書の1章と2章で、まずは「情報」と「知識」という重要なインプットについて取り上げますが、「良質なインプットなくして良質なアウトプットなし」は普遍的真実です。ちなみに「オフ」も本業への刺激という視点があるため、広い意味でインプットと言えます。

第三に、**習慣によって再現可能なレベルの思考や行動（＝地頭力）を鍛える**ことを重視しています。各章で日本社会における根本的な課題を事例や根拠・データを入れた上で3つ程度示し、10程度の習慣を取り入れます。世界で通用する人材になるためには、習慣化が重要だからです。

年に数回程度の行動であっても、習慣化に意義のある場合には取り入れていますが、ごくたまにしかないような例外的な行為や、特別な立場にある人だけに当てはまる行動は排除しています。毎日、毎週、毎月という単位で行動できる内容が中心で、誰にでも実践できるようにヒントを入れる配慮をしています。

本書の根本課題は、あくまで世界のリーダーを念頭に置いて、世界に通用する人材にならんとするための課題です。また、習慣もそのための習慣です。そのため日本国内・日本人同士を念頭に置いている一般的な習慣には重点を置いていません。

本書の構成「5プラス1」

第1章は、『情報』を変える」です。日本人は一般的に日本語でのマスメディア情報に依存し過ぎており、今現在、世界の話題の中心が何であるのかがわからない状況に置かれています。政府や大手マスメディア、一部の影響力のある知識人などの情報を安易に信じてしまうことも問題です。情報源を多元化した上で情報の読み解き方・活用を変えていくことが世界で通用する人材には大事です。

第2章は、『知識』を変える」です。情報が短期的な有用な事実とすれば、知識はより長期的な視点に基づく、深みのあるものを指します。日本人は、社会人になると知識・スキル習得に向けた能力開発に時間とお金をかけないようになります。

現在のような激動の時代は、さまざまな分野・テーマが相互に関連するため、専門が一つというのは危ないのです。

第3章は、『ワークスタイル』を変える」です。日本ほど残業が多いにもかかわらず、ホワイトカラーの時間あたりの売上・利益が意識されない国はありません。いったん就職すると社内政治に取り込まれ、「出る杭」になることを恐れます。また、一般に安定志向が強いため、リスクをとってイニシアティブをとることをためらいがちです。これでは社外や国外での市場価値をしっかり評価することはできません。個人のワークスタイルに対しての向き合い方を根底から変えて、大きく向上させる方法をご紹介します。

第4章は、「『コミュニティ』を変える」です。社内や気楽な仲間内だけに閉じていると、視野が狭くなってしまいます。世界に通用する人材、これからのビジネスパーソンはコミュニティを入れ替えていくことが不可欠です。

第5章は、「『オフ』を変える」です。日本人の疲弊は世界的にも有名です。「オフ」は単に体を休めるだけではなく、本業への刺激、本業に代わる充足感など、多くのメリットがあります。近年、この「オフ」をどう過ごすかが世界中のビジネスパーソンに注目されています。日本人ビジネスパーソンが大きく変化を起こすべき分野です。

また、補論として、**第6章で『「英語」を変える』**を扱っています。一部の方を除き日本人ビジネスパーソンの英語の評判は極めて悪く、ビジネスチャンス、さらには経済発展の機会喪失につながっています。日本語だけであれば情報源や学び、コミュニティが限られてしまいます。英語はすべての行動変容の前提であり、基盤となるものです。

以上、本書は「5プラス1」の計6章、各章のテーマで方法論を提示し、自らを変えるために習慣づけることを目的にしています。

ガラパゴス化した日本人に対し、やや辛口かもしれません。しかし、**日本人には、和を大切にすることや、自然との共生重視といった世界に誇れる特性があります。**「おわりに」で、日本人のこのような良さを生かして混迷する世界に貢献する必要性と可能性について言及するので、最後までお付き合いいただけると大変に光栄です。多くのビジネスパーソンが今よりもっと飛躍されることにお役に立てれば、これに勝る喜びはありません。

第1の習慣

「情報」を変える

情報とは、受信者にとって何らかの形で意味のある事実を指します。具体的には、マスメディアやソーシャルネットワークの情報、人・現場の情報などです。単に言語情報だけでなく、活気や熱気、雰囲気など非言語情報も含みます。

本章では、短期的、かつ現在進行形的な情報を扱います。普段私たちが接している情報は、次のような理由でとても部分的です。

・日本起点、日本中心の情報に偏っていること
・大手マスメディアやソーシャルメディアなどの思惑や嘘の入り混じった一部情報に左右されてしまうこと
・そもそもメディアで情報になっていないことや自ら収集できない情報が抜け落ちていること

情報は氾濫しているようで、実は本当に必要な情報が遮断されていたり、不確かであるといった**情報過疎状態**にあります。インターネットの普及やそれに伴うデジタル革命（さまざまな定義がありますが、本書では誰でも簡単にデジタル情報を活用できる時代になったことと定義）でさまざまな情報の収集と発信が簡単にできるようになりました。

しかし、情報は個人の狭い視点での発信や理解が横行するようになったともいわれます。ソーシャルメディアのフェイクニュース（嘘のニュース）などはその一例です。

本章では、未来が予測しづらい21世紀において、情報を峻別して、必要な判断を行うための習慣・方法論を提示します。

根本課題 ①

日本起点、日本中心の情報ばかりに接しているため、世界のことがわからない

日本国内のテレビや新聞などのマスメディアでは海外情報はいったいどの程度の比重を占めるでしょうか。米国のスタートアップ企業の新サービス情報やそのイノベーションの背景、海外企業同士の大型合併、中東の紛争……。海外では大きく報道されていても、日本のマスメディアではあまり大きくは報道されないニュースはたくさんあります。

日本で報道されるニュースは、主に以下の3つに分類できます。

第一は、日本国内のニュースです。国内の政局や事件、スキャンダル、芸能人のゴシップ、日本企業の業績や新たな商品サービスの開始など、私たちが触れるマスメディア情報の多くがこれに属します。

第二は、日本と海外が関係するニュースです。たとえば、日本外交関係や日本企業による海外企業の買収などがこれにあたります。

第三は、日本が言及されない海外ニュースです。海外の大統領選挙、海外企業同士の買収などです。

注意すべきは、第一と第二のニュースです。これらは海外の政府や企業に関するニュースでも、基本的に日本起点の情報です。また、第三のニュースについても、たとえば韓国大統領選挙であれば、大統領候補者の対日政策に焦点が当たるなど日本起点の場合があります。海外企業同士の合併でも、日本企業への影響といった視点からの報道がなされることがあります。

私がさまざまなマスメディアを検証したところ、**8割から9割が日本中心、日本起点の情報であり**、世界のごく一部でしかない日本の情報が大半を占めるなど、情報が非常に偏っています。これでは世界で何が起きているのかわからなくて当然です。そのような中にいるからこそ、「海外ではどうなっているか」「世界での標準は何か」といったことを常に意識する必要があるのです。

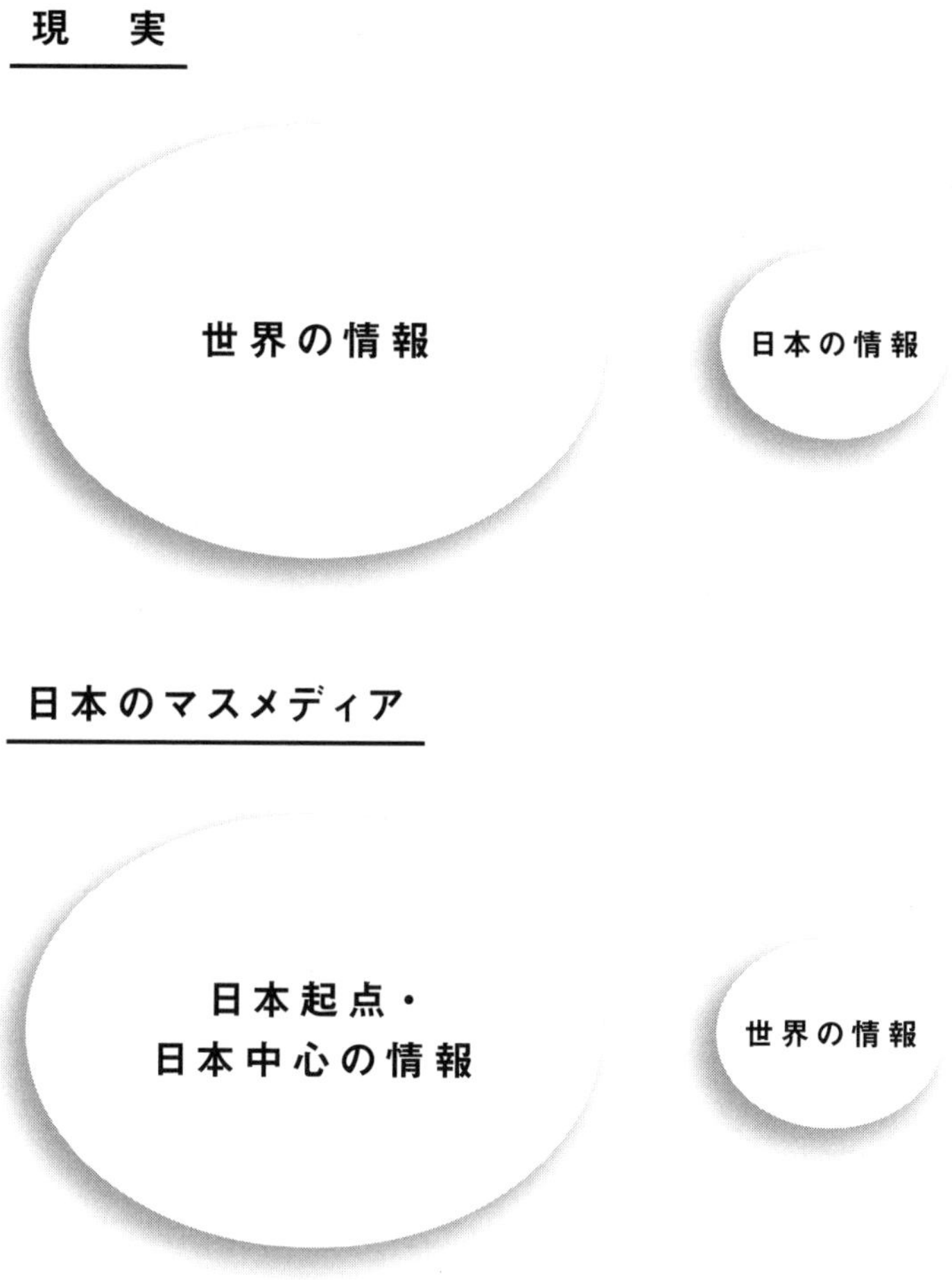
現　実
世界の情報
日本の情報
日本のマスメディア
日本起点・
日本中心の情報
世界の情報

図2&3

根本課題②

情報発信者の思惑や嘘、フィルターのため事実がわからない

情報発信者の思惑、嘘やフィルターのために事実がわからない、わかりにくい点が大きな課題です。デジタル革命によって誰でも簡単に情報発信できるようになり、問題はより深刻化しています。

大手マスメディアでは明らかな嘘、誤報はまれです。たとえば、総理大臣が発言していないことを発言したというような誤報はめったにありません。しかし、ソーシャルメディアでは明らかな嘘や誤報が氾濫しています。また、大手マスメディアでも思惑や意図による歪曲は頻繁にあります。具体的にどんな思惑や嘘、フィルターがあるのかを見ていきましょう。

第一に、マスメディアの意図や思惑です。大手マスメディアの場合、営利企業である限り、「売れるかどうか」「(テレビであれば) 視聴率が取れるかどうか」に注力せざるを得ません。テレビの情報番組では、どのコメンテーターが話した時に視

聴率が上がり、あるいは下がるかといったことを詳細に分析しています。視聴率が取れないコメンテーターはお払い箱になります。

また、センセーショナルな点に焦点が当たりすぎるのも問題です。政治家、企業を問わず、不祥事に焦点が当たります。本質的にも直接的にも政治には重要ではない、国会議員の不倫問題がセンセーショナルに報じられるのもそのためです。

第二に、ソーシャルメディアの思惑や嘘です。フェイスブックなどのソーシャルメディアは、情報発信者の思惑に加えて、意図的な嘘も多数潜んでいます。2016年の米大統領選挙では、ソーシャルメディアにおける多くのフェイクニュースが選挙の趨勢を左右したといわれています。特にソーシャルメディアの場合、自分に近い人の話しか聞かないという事態が起きます。フェイスブック上で繋がっている人は、国籍、職業、関心事項が近い人が多いからです。

また、ソーシャルメディアでの付き合いがコミュニティの中核になると、「何年にもわたり頻繁にやり取りし、一緒に仕事もしているけど、いまだリアルでは会ったことがない」という人もいます。このように**ソーシャルメディアの影響力が情報収集やコミュニティにおいて強まる中、立場が近い人の意見のみを聞く傾向はますます強まっているため注意が必要**です。

第三に、政府の意図や思惑です。言うまでもなく政府は政策について支持を得たいという意図や思惑があります。逆に、政策の失敗や国民・住民の反対が強く出る可能性のある政策を覆い隠したいという意図もあります。

ただし、問題は政府や役所だけではなく、マスメディア側にもあります。最近は規制が緩和されてフリーの記者も取材に入ることができるようになってきましたが、かつては記者クラブに属さないと取材ができませんでした。その記者クラブでは、記者が役所の意向を「忖度」し、記事を控えることがあります。

私が大手新聞社からある役所の不祥事について取材を受けたとき、「私など外部の人間に取材しなくても、御社の記者クラブを通じていくらでも関係者に取材できるでしょう」と言ったら、「役所とツーカーの関係である記者クラブでは決して取材できません。記者クラブに属さない社会部記者である私たちが独自のルートで取材をしている」とのことでした。記者クラブに在籍する記者は役所を批判する記事をなかなか書けないのです。

根本課題③

無知の無知
――知らないことすら知らない情報が大量にある

自分が知らないということを知っていることを、ソクラテスは「無知の知」と言いましたが、人間には限界があり、知っていること、知らないことの他に、知らないことすら知らないことがあります。すなわち「無知の無知」が多数あるのです。

21世紀に入り、サイエンスとテクノロジーの進展は加速化し、「このようなことができるようになっているとは知らなかった」とマスメディアの記者の多くも追いつけていないのが現状です。今後、このようなことはますます増えるでしょう。

たとえば、CNNやBBCでは、アフリカの新ビジネスについての特集が頻繁に放映されています。ナイジェリアの最大経済都市ラゴスではITをはじめ新たなビジネスがどんどん生まれていますが、ラゴスの発展について聞いたことがあるでしょうか。もしかしたら、いまだにアフリカというと内戦や病気、飢饉のイメージが強く、ビジネスと結びつけて意識していなかった方もおられるのではないでしょうか。

知っていること

知らないこと

知らないことを
知らないこと

これらの点に配慮して常に謙虚になるべき

図4

人間が知ることができるのは常にごく一部です。その自分の知っているわずかな知識を基に判断すると誤ってしまいます。「無知の無知」を常に意識し、**「知らないことすら知らないのではないか」と常に情報と知識を求める謙虚な姿勢が今ほど求められる時代はありません**（この「無知の無知」は、次の2章で幅広い教養という視点から別途見ていきます）。

日本のマスメディア情報を半分以下にする習慣

根本課題①

根本課題①でお伝えしたとおり、私たちは日本起点・日本中心の情報の中で生きています。ですから、日本発の情報に囲まれているという危機感をもつことが極めて重要です。まずはテレビや新聞、書籍など日本人が発信している情報の割合を半分以下にすることですが、その方法を見ていきましょう。

理想的には海外メディアから、現地の言葉で情報収集することです。なぜなら**現地語メディアには圧倒的に情報がある**からです。私が中東に滞在していた頃も、アラビア語マスメディアの情報と英語マスメディアの情報では、中東に関する情報においては圧倒的に質と量に差がありました。ですから、必死にアラビア語新聞を訳して外務本省に情報を送っていました。もちろん表現の自由、政治活動の自由が制限されている国の場合、メディアは政府の統制を受けているので、その点は大いに差し引かなければなりません。

しかし、現実には現地語ですべてを理解することは到底できないため、やはりそこは翻訳や通訳に頼らざるを得ません。その点で私のおすすめは、NHKの衛星放送（BS1）の海外ニュースです。そのまま同時通訳をつけて報道しているので、英語のメディアに限らず、ロシア語、中国語、スペイン語、フランス語、アラビア語などのメディアに触れることができます。また、CNNやBBCを視聴契約すると、音声切り替えで日本語で視聴できます。新聞についても、多くの海外メディアの日本語版がインターネット上で出ています。雑誌についても「ニューズウィーク日本版」が世界のニュースを日本とは違った切り口で深掘りしており秀逸です。

書籍については外国人が執筆したものをなるべく原書で読むことが理想的ですが、語学力が足りず困難であれば、翻訳本を読むことでとりあえず構いません（知識を習得するための代表的な媒体である書籍については第2章で、英語メディアからの情報収集については本章後半と第6章でも触れます）。

世界の情報から兆しを見つける習慣

根本課題③

米国人作家ウィリアム・ギブソン（William Gibson）の有名な言葉に、「未来はここにある。それはただ均等にいきわたっていないだけだ」（The future is already here — it's just not evenly distributed.）というものがあります。世の中を変える未来、いわば兆しは、すでに世の中に存在しているということです。しかし、多くの人はその兆しの意味を知ることなく、見過ごしてしまいます。結果的に広く知られず、実用化されずということになってしまいます。

たとえば、今ではVR（バーチャル・リアリティ）やドローンが新たなビジネスを興すであろうということは誰でも実感しています。しかし、2010年ごろには、VRやドローンという言葉は一部の人にしか知られておらず、将来の大きなビジネスチャンスとは思われていませんでした。ところが、当時からそれらの将来性に気づいた人も少数ながらいました。

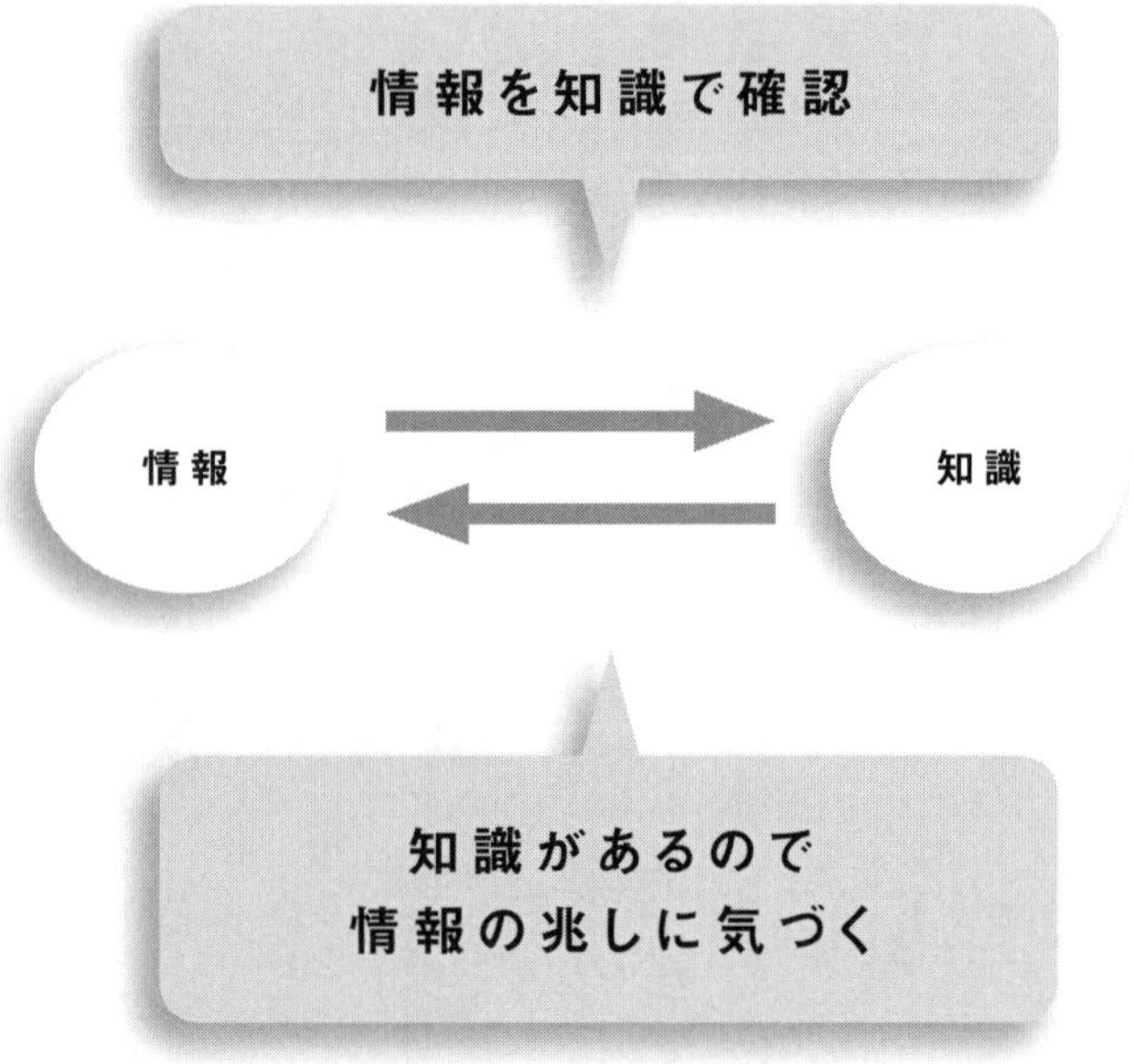
情報を知識で確認
情報
知識
知識があるので
情報の兆しに気づく

図5

現在は、「最も早く学習した者が勝つというのが現代の勝負のルール」です（サリム・イスマイル他『シンギュラリティ大学が教える飛躍する方法』日経BP社）。世界で起こっていることの**情報獲得が今ほどビジネスの勝敗、ビジネスパーソンの飛躍の成否を分ける時代はない**のです。そのため、兆しの見過ごしを防ぐことが非常に重要です。それにはどんな習慣が必要でしょうか。

第一に、どんなことでも**事象の背景や要因や将来像を洞察する練習をする**ことです。何事も表層だけでは判断せず、背景や要因を探ると同時に事象の将来形を洞察することです。

たとえば、定年後の孤独な高齢男性の増加の要因を探る（例：会社人間になりすぎて家庭や地域をないがしろにした、趣味仲間を持たなかった）とともに、その将来像（例：孤立が心身の不調につながり社会的費用が増加する一方、孤独な高齢男性向けのビジネスに可能性が出てくる）を考えます。

第二に、目の前のものを所与のものととらえずに、先入観を排して、「何か変だな」「なぜだろう」といった直観を働かすことです。

第三に、事象に関連する前提知識を取得しておくことです。前提知識がないと情報の意味に気づくことができません。**知識があるから兆しの意味に気づき、兆しの情報があるから知識で確認しようとします。情報と知識は車の両輪のような、相乗**

効果をもたらす存在です。

根本課題①

世界のビジネス情報のウェイトを高める習慣

日本国内での海外報道は、どちらかというと政治か経済成長や失業率といったマクロ経済に偏っており、個別具体的なビジネス情報が多くはありません。たとえば、米国大統領の一挙一動については報道されていても、シリコンバレーをはじめとする米西海岸のスタートアップ企業によるイノベーションについての報道はあまりありません。これには理由があります。それは、政治やマクロ経済の方がわかりやすいニュースだからです。選挙や政治スキャンダル、株価暴落などもわかりやすく、注目を浴びやすいのです。

ＩｏＴ（Internet of Things）やＡＩなどの最新テクノロジーの動向は、一定の前提知識がないと何が先進的であるかすらわからないこともあります。実際に、あるベテラン経済記者が、「重厚長大産業を取材する傾向にあり、ＩＴやＡＩなど新しい分野への取材が弱い」と指摘しています。このような状況を克服するには、経済ビジネス雑誌やニュースサイトで取り上げられている海外企業の動向や新サービス、テクノロジーの動向について、かなり意図的に情報を蓄積していくことが重要です。

現在はNewsPicksなど最先端情報を発信する経済情報サイトがあります。世界に通用するという観点からは、日本では世界の経済ビジネス情報は不足しています。ですから、**経済ビジネス記事は政治記事の2倍の量を読むくらいの比重で情報収集する習慣をつける**とよいでしょう。

中東・アフリカ・中南米の情報も入れる習慣

根本課題
①③

特定の国や地域についてはまったく知らないということを避けることが非常に重要です。それは、知らない国や地域の事情が他の国・地域に影響を及ぼしているからです。

日本のメディアの海外報道は、米国、中国、韓国、次いで欧州、その他アジアの記事が多い一方、中東、アフリカ、中南米については少ないのが現状です。欧州も英国、フランス、ドイツやロシアなど主要国や大国を除くと極端に少なくなります。

世界のマスメディアが大きく取り上げている中東やアフリカ、中南米のニュースが日本ではベタ記事といったことはよくあります。世界中のどの国でもビジネス取引が生まれる時代に、米国とアジア、欧州のニュースが海外情報であると勘違いしてしまうと、ビジネスに大きな制約を受けざるを得なくなります。

海外進出しようとする経営者と話をすると、「中東やアフリカについてはほとんど知らない」「中南米は遠くてよくわからない」といった声を多く聞きますが、それはマスメディア情報自体が偏っているのが原因です。**中東・アフリカ・中南米の情報は小さくても注意を払うように習慣づける**と、ライバルに差をつけることができます。

英語メディアの情報を直接入れる習慣

根本課題①

海外マスメディアの日本語版が充実していると先ほどお話ししましたが、世界で通用する力を高めるには、やはり英語をはじめとする外国語での一次情報を直接入れることが重要です。それはなぜでしょうか。

第一に、たとえば海外のニュース番組を同時通訳で視聴しても、その前にニュース自体の取捨選択がなされているからです。

第二に、日本語に訳されることで、ニュアンスが伝わりにくいことがあるからです。日本語では慰安婦と訳される問題が、海外の英語メディアでは、comfort woman となる場合と sex slave（性奴隷）となる場合とがあります。これは、報道する側の意図や事実認識によるのですが、言葉のニュアンスを含めて情報収集をしないと世界はわかりません。

私自身、「どの雑誌が世界の大きな潮流を読むのに一番妥当でしょうか」と多くの国内外の有識者やビジネスパーソンに聞いてきました。その答えで最も多かったのは、英「エコノミスト（The Economist）」でした（ちなみに、日本の毎日新聞出版が出している「週刊エコノミスト」とは内容も版元もまったく違うのでご注意ください）。

エコノミストは世界のクオリティ・マガジン（評価されている質の高い雑誌という意味）です。冒頭にその週の政治・経済・ビジネスの世界のサマリーがあり、その後に特集、各地域別の主要記事、金融などの分野に分かれています。論調は、グローバル化や市場原理を重視する一方で、経済的な格差拡大には懐疑的な記事も多数出しています。雑誌巻頭の The World This Week は、世界の1週間のニュースが政治とビジネスに分かれ、コンパクトにまとまって掲載されています。これを読むだけでも世界の重要ポイントを大きく掴めます。「日本のメディアではあまり取り上げられていなかったな」と思う記事も多いです（英語メディアの具体的な読み方については第6章で改めてお話しします）。

根本課題①

国には多様な側面あり
──国家機関と国民を混同しない習慣

情報を読み解く際に私たちがよく起こす失敗として、国家機関（政府）と国民、企業を混同することが挙げられます。たとえば、「中国は独裁国だから信頼できない」といった発言を聞くことがありますが、それはあくまで中国政府が非民主的であるということであり、中国人や中国企業がすべて信頼できないということではありません。

日本政府が企業に介入する頻度や質と比べると、共産党政府の企業への介入は問題が大きいのは確かです。特に習近平時代になってその傾向は強まっていると言えます。非民主国家であるがゆえに、独裁者によって勝手に規制が作られる面もあります。

その一方で、中国は政府と国民の距離がとても大きな国です。「上(政府)に政策あれば、下(国民)に策あり」と言われるほど、国民は政府の眼をかいくぐって自分たちの生き残りを図ります。中国から多くの資金が米欧に流れ、多くの中国人が国外に移住するなど、中国人が政府を信用せずに動いている事例は枚挙にいとまがありません。

日本でも国と政府、日本企業、国民に相互関係はありますが、それぞれが別々であるのと同じで、国には多様な側面があることを十分理解することが重要です。それを思い知ったエピソードを一つお話ししたいと思います。

尖閣諸島問題で日中間に大きな緊張が走っていた2010年10月、稲盛和夫氏が塾長を務める盛和塾で稲盛氏はじめ多くの塾生仲間と中国・青島《チンタオ》を訪問しました。尖閣諸島での衝突問題を受けて中国では反日デモが起こり、多くの日本政府や企業関係者の中国訪問が中止や延期になりました。このような時期なので青島視察はキャンセルになるのではないかと思っていたのですが、中国側から中止や延期の要請はないとのことで、視察は実施されたのです。

この盛和塾の青島視察において、青島市政府（市役所）が大きな熱烈歓迎レセプションを開催してくれました。その席で、私の隣に座っていた青島市役所の職員が「まあ、上の方ではいろいろとあるようですが、できる限り日本と中国のビジネス関係は拡大させていきたいですね」と話しかけてきました。明らかに尖閣諸島問題を念頭に置きながらも、日中間の経済ビジネス関係を拡大したいという意図での会話でした。その後に行われた青島市役所によるプレゼンテーションの最後には、「経済無国籍」の文字がありました。国家機関と地方の市役所、ビジネスは別々であることを実感した瞬間でした。

ちなみに、この時のレセプションで話をした青島市役所のすべての職員が日本語ができたことには驚きました。日本からの投資の誘致が仕事なので、当然といえば当然ですが、日本の市役所で海外からの企業誘致を担当している職員で、中国語ができる職員がいったいどれほどいるだろうかと思うと、日中の差を感じざるを得ませんでした。

この例からもわかるように、中国の政府機関ですら（当然、青島市役所は政府機関です）一枚岩ではありません。ビジネスパーソンであれば、もっと立場が違うはずです。中国企業においては日本とは異なり、共産党の過剰な関与を否定しません。しかし、**国は一枚岩ではありません。「どこどこの国は○○だ」と決めつけることはビジネスにおいてとても危険です。多様な側面があることを十分に認識する習慣をつけることが重要**なのです。

マスメディア、ソーシャルメディア、人・現場の長所を活用する習慣

根本課題
②③

情報に潜む思惑や嘘を見抜くための手っ取り早い方法の一つは、常に複数のメディアや人・現場からの情報を参照する習慣を身につけることです。情報の源は、マスメディア、ソーシャルメディア、人・現場からの直接情報に分かれ、それぞれからバランスよく情報を収集することが大事です。

マスメディアの情報がおかしいと感じたら、ソーシャルメディアで現場に近い人の投稿を読みます。それでもおかしいと感じたら、直接当事者や事情を知っている人に聞いたり、現場に行くことです。一般には、マスメディアで大枠を掴み、次に

ソーシャルメディアで検証、さらに人・現場で深掘りといった流れになります。

逆に、ソーシャルメディアや人・現場から最初の情報が入ることもあります。ソーシャルメディアは、マスメディアよりも早く現場の情報を伝えることができ、比較的広範囲に情報収集が可能です。しかし、書いている本人の立場、思惑、事実認識に左右されることも念頭に入れ、注意しなくてはいけません。

人・現場からは、一番リアルな一次情報を得ることができますが、それも本人の立場、思惑などに左右される点はソーシャルメディアと同じです（ただし表情などでより真意に近づくことはできるでしょう）。そもそも、世界各地の数多くの現場に赴くことはなかなかできません。ですから、マスメディア、ソーシャルメディア、人・現場の3つの長所をうまく活用しながら相互チェックすべきです。

特にマスメディアは会社によって立場がかなり違うため、複数のメディアに目を通す必要があります。日本国内の新聞社でも、政府への距離が違うことはご存じのとおりです。現在、政府寄りとされている新聞社でも、トップが入れ替わると違った路線になることもあり得ます。また、海外と日本のマスメディアについては取り扱う内容がかなり異なるので、それぞれ吟味することです。複数の媒体を読み比べることはやはり重要です。関心のあるテーマであればマスメディアなどを通さず、記者会見などをYouTubeで見てもいいでしょう。

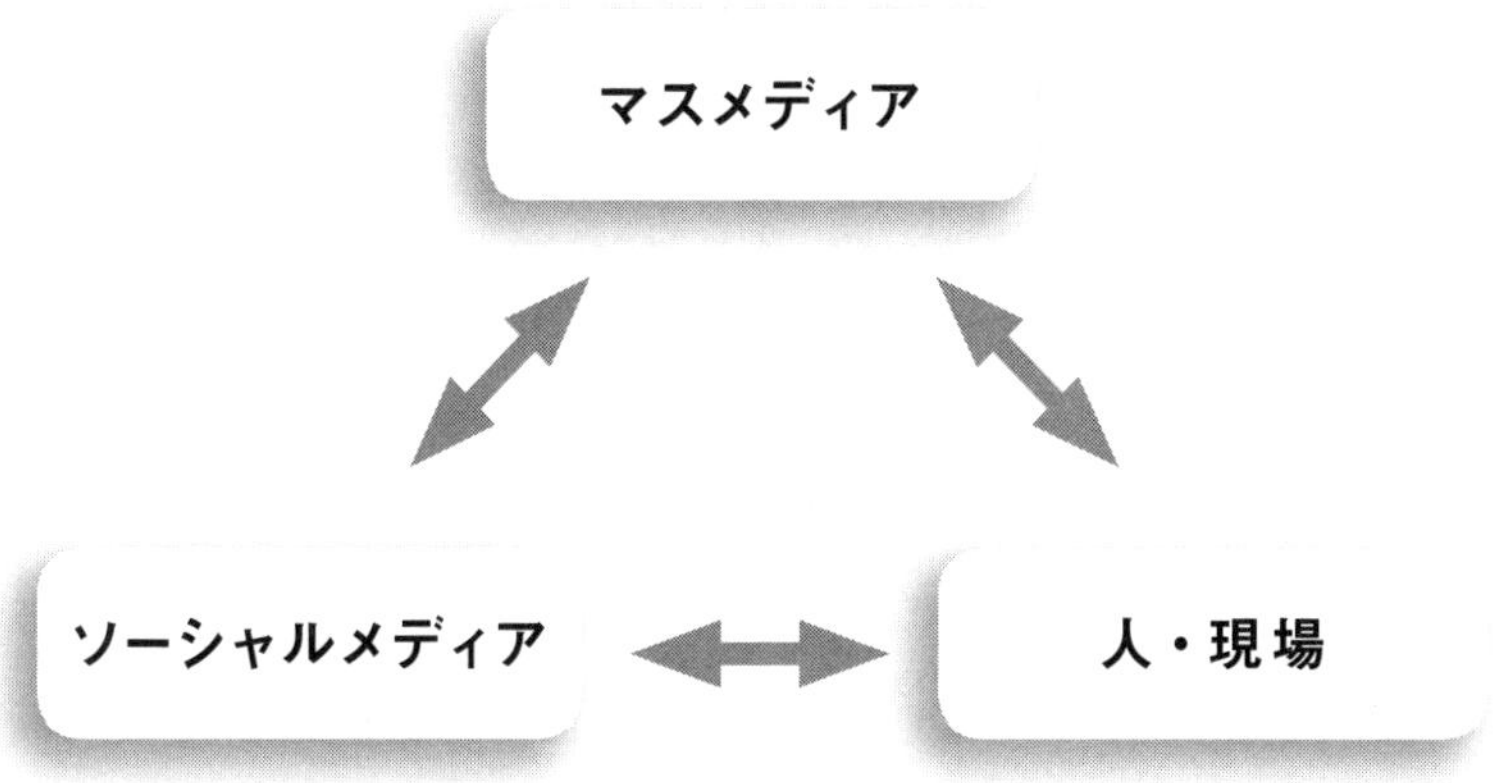

それぞれの長所を生かし相互チェック

図6

情報を鵜呑みにせず、相反する情報を検討する習慣

根本課題
②③

海外の情報は元々の知識不足のためによくわからないことも多いものです。**情報を鵜呑みにせず、「本当にそうだろうか」「なぜだろうか」という疑問を持ちながら事実を積み上げていく習慣は大切**です。

海外マーケットの分析ペーパーを多数執筆している証券アナリストの杉山修司氏は、「海外についてのメディア情報は間違いも多いので、多くの情報を丹念に積み上げていくことが大事」と指摘しています。本当にそうだろうか、論理的に問題ないか、他に相反する情報はないだろうかと、自分が把握している情報は不十分であるかもしれない、間違っているかもしれないとクリティカルに（批評的に）問い続けることが重要です。

外交でもビジネスの世界でも、情報のプロは複雑に錯綜した情報を基にクリティカルに分析します。人によっては、いかにも自分はよく知っているという顔で話を

するので要注意です。ですから、**原典や定評ある専門書に当たるのはもちろんのこと、**「○○との見方もありますが、いかがでしょうか」と**一方の情報をぶつけて相手の反応を探ることを習慣づける**のです。

これは人経由の情報だけではなく、メディア情報同士でも効果的です。複数の相反する情報があった場合、根拠や想定される展開などをぶつけ合います。ビジネスの現場であれば、複数のメンバーがディベートのように一定の立場に立って議論すると効果があります。**多種多様な錯綜する海外情報の場合、一つの見解が正しいとは限らないので、相反する情報をあえて探し出して検討する**くらいで丁度よいと言えます。

根本課題③

自分と違った立場の人のソーシャルメディアの投稿を読む習慣

ソーシャルメディアは、自分と近い立場の人の情報に接する可能性を高めます。逆に言えば、自分と違った立場の人が何を考えて、普段どんな情報発信をしているのかを知ることは、情報の範囲を広げるとも言えます。

私のフェイスブックの友人・知人には、日本会議の人から共産党の人まで政治的立場においても多種多様な人がいます。それぞれの投稿を読んでいると、「いろいろな世界があるものだなあ」と実感します。

ソーシャルメディアの中でも「リンクトイン」は実務家・専門家といったプロ向けです。自分の関心のあるグループに入ってそこで議論すると、さまざまな情報に触れることができるソーシャルメディアです（リンクトインについては、第4章『コミュニティ』を変える」でも触れます）。

YouTubeを効果的に用いる習慣

根本課題
①②③

激動の時代の情報収集には、YouTubeなど動画サイトの影響力が高まっています。

理由は以下の2点です。

第一は、動画サイトやソーシャルネットワークの進展で、**世界における良質な一**

次情報の動画が増えたことです。ひと昔前までは、映像の撮影や配信は完全にプロの領域でした。しかし、ソーシャルメディアのメリットでお話ししたとおり、「デモが進行中」「事故発生」といった情報が個人によって発信できるようになりました。

実際、「アラブの春」の契機となったチュニジアでの運動のきっかけは、ある地方都市の若者が警察に抗議の自爆死をしたことが動画で流れたことでした。今まさに起こっていることの動画は、よほど意図的な編集や細工がなされていない限りは事実として収集する価値があります。

第二は、**最先端のビジネスやテクノロジー、さらにサイエンスを理解するには、文字のみでは不足することが多い**ためです。たとえば、自動運転について理解するには、マスメディアの文字情報だけでは不足しています。実際に映像で見て理解していくことが必要です。

世界のスタートアップ企業のビジネスについて知りたい場合は、まずYouTubeを見ると、ホームページよりも理解が格段に深まります。

人・現場情報を重視する習慣

根本課題①②③

人・現場情報の重要性は強調しても強調しすぎることはありません。自分が直接会って聞いた情報については、相手の立場、思惑などが対話を通じてわかることも多く、マスメディア情報よりも信頼できることが多いと言えます。必ずしも適切な情報を持っている人に適時に会うことができないことがデメリットとしては挙げられますが、マスメディアに出ていない情報を人から入手したり、真相を確認することもできます。

稲盛和夫氏が主宰している盛和塾や、三木谷浩史氏が創設した新経済連盟などで、経営者同士の情報収集手段として多いのは、人・現場経由です。ここでの「人」とは、国内外の顧客であったり、ビジネスパートナーであったり、異業種の経営者仲間であったりします。

「百聞は一見に如かず」。私はこれまで90以上の国々を訪問しましたが、訪問先ではとにかく現場をも徹底的に視察するように心がけてきました。現場では活気や熱気、雰囲気といった非言語的な要素も重要な情報になります。日本国内でもいえることですが、特に**海外の場合は現場を「見て、体験して、感じる」ことが大事な情報**になります。ここでいう現場とは、ビジネスや生活の実態がわかる場所です。

たとえば、中国の製造業の工場に行くと、中国人労働者が細かい定型的な作業をきびきびとこなしている姿を見ることがよくあります。壁には各労働者の達成度やミスの数が書かれたボードが掲示されていたりします。このような作業姿勢や職場環境、雰囲気を見ることで、中国が「世界の工場」になった理由が実感知としてわかります。

単に本で読んでいる、インターネットで知っているのと、実際に行って見てきているのとでは大きな違いがあります。可能であれば、現地の人の住居を訪問するのが理想的です。**情報が多い時代であるからこそ、実際に現場に行って感じることが大事**なのです。世界に通用する力があるかどうかは、この「実感知」があるかどうかで相当左右されます。

庶民から情報収集する習慣

根本課題
①②③

私は海外に行った際、タクシー運転手やレストラン従業員と多くの会話をするように心がけています。**タクシー運転手との会話は、手軽さ、情報の広がりや深み、庶民目線といった点で、現場での情報収集の王道**だからです。タクシー運転手は、新興国においては中流階級の代表選手です。ですから、彼らの生活感覚はその国の中流階級の生活感覚と一致します。新興国に視察に行った際に時間があれば、私はタクシードライバーと交渉して、3時間程度借り切ることにしています。値段交渉も勉強のうちですが、ここはあまりけちけちせずにある程度多めに払い、ドライバーさんに気持ちよく運転してもらうようにしています。

まずはドライバーさんとの関係作りです。たとえばミャンマーであれば、「初めてミャンマーに来ました。ヤンゴンはきれいな街ですよね。最近すごい発展ですね。短い滞在なのでいろいろと見たいんです」「私の名前はトシ。ドライバーさんは?」といった感じで、相手国への賞賛の言葉をかけます。3時間も一緒にいるのであれば、名前も言います。それは相手を尊重する気持ちに繋がるからです（蛇足ですが、ミャンマーは街にはゴミがあまり落ちていない本当にきれいな国です。敬虔な仏教徒が多く、きれい好きといわれています）。

このような入り口の会話で打ち解けてきたら、徐々に相手の話に入ります。「ドライバーさんの出身地はどこですか？」「へぇ、マンダレーの出身ですか。昔の首都で仏教文化の中心ですよね。ぜひ行ってみたいです」など、相手の出身地を聞いて、話を弾ませていきます。出身地が地方都市の場合でも相槌を打てるように、その国の首都以外の大都市や主な州の名前や特徴くらいは覚えておきます（ちなみにマンダレーは、ミャンマーでヤンゴンに次ぐ第2の人口規模を誇る都市で、英国の植民地支配が始まる前は王朝の首都がありました）。

そしてさらに、「1日の売上はどのくらいですか？」など、相手のことを聞いていきます。これは月収よりも聞きやすく、かつだいたいの月収がわかります。

また、「お子さんは何人ですか？　どんな学校に通っていますか？」という質問で子供の教育方針などがわかります。以前インド・バンガロールでタクシー運転手にこの質問をしたら、「英語で学ぶインターナショナルスクールに通わせていて、将来はインフォシスなどIT企業に就職させたい」との答えが返ってきました。

バンガロールは、ウィプロやインフォシスなどインドのIT企業の大拠点で、そのビル群には圧倒されます。これら大手IT企業に就職することがインドの多くの若者の夢であること、それほど多くない月収の中から高額のインターナショナルスクールに子供を通わせる姿勢など、タクシー運転手との会話はまさに現地の情報源です。

レストラン従業員にもよく声をかけます。たとえば、次のようなことです。

・この地域ではやっていることは何か
・どんな食事が好まれるのか
・人々は休日に何をしているか
・売上単価は上がっているか

情報というと政府や大企業、有識者、大手マスメディア発信のものが多いのは確かです。しかし、これらいわば「強者」の情報は偏っている可能性があります。ビジネスパーソンや有識者からだけではなく、庶民からの情報もとても貴重です。庶民の状態が、最終的には政治も経済も突き動かすからです。**海外の情報で重要なのは、圧倒的多数の庶民が何を考え、どんな生活をしているか**です。ぜひとも庶民の情報を収集する習慣をつけてください。ビジネスにおいてもきっと役立つはずです。

コラム

ソーシャルイノベーションを起こすアフリカのリーダー支援

私が非常勤として教員を務めている神戸情報大学院大学は、神戸の中心地三宮駅から山の方に10分程度歩いたところにある専門職大学院です。この大学院には英語のみのコースがあり、そこにアフリカ、中東、アジアからの留学生が多数学んでいます。特に多いのがアフリカの留学生です。留学生といってもほぼ全員が社会人経験者。母国に戻って起業することが主な目的です。

私の担当はリーダーシップ開発演習と毎週のゼミ。ゼミでは各自の研究やソーシャルイノベーションを起こすための手法について議論します。**貧困や紛争を抱える母国をなんとか立て直したいという熱意とハングリー精神は、日本人よりもはるかに大きいものがあります。**彼ら彼女たちと接することは大変な刺激になります。私自身、各国の実情にも随分と詳しくなりました。

神戸情報大学院大学は、ルワンダ・キガリにおいて、JICAや神戸市、ルワンダのICTチェンバー（ICT Chamber）などさまざまな機関の支援・協力を得てITプロフェッショナルを養成するプログラムを提供しています。私もプログラム作成、現地のファシリテーターの育成に関わっており、現地でソーシャルイノベーション創出に関連したワークショップを行うこともあります。

ルワンダというと、映画「ホテル・ルワンダ」などでも知られるとおり、1994年の虐殺が思い浮かびます。しかし、その後はIT産業に注力して国は発展の途上にあります。現在は街もきれいで大変に治安がよく、夜に1人歩きしても問題はありません。このように過去の悲劇を乗り越えて発展しようとする国にわずかなりとも貢献できることは大変にやりがいがあります。これらの経験を通じて、アフリカでのリーダー育成については次のような点が重要であると感じます。

第一に、リーダー開発自体の必要性の認識。アフリカでは欧米やアジアに比べてリーダー開発自体が十分に行われていません。自分1人で完結するような仕事の仕方に慣れているビジネスパーソンも多く、この点を打開することがビジネスの発展に不可欠です。

第二に、倫理観のあるリーダーシップの重要性。アフリカの発展を大きく阻害しているのは汚職です。政治家、役人、経営者といった社会のリーダーの多くが汚職に手を染めています。アフリカでは、**リーダー開発の一環として汚職文化をなくすことができれば、大きく社会が変わる**のです。実際、多くのアフリカ人から「アフリカでは倫理観のあるリーダーが求められている」と指摘を受けました。これは私が今後、力を入れていきたい分野です。

第三に、可能性を信じ、ビジョンを高く掲げる必要性。アフリカには現在でも紛争や政情不安が続いている国がまだ多くあります。内戦状態にある南スーダンや中央アフリカ、反体制運動が続いているエチオピアなどです（2018年1月現在）。

一方、アフリカでは、もともとなかった新しいものが急速に発展することがあります。たとえばフィンテックについても、ケニアは規制が少ないことから多くの支払いがスマートフォンで可能になり、非現金化が進むなど大変に進んでいます。ドローンの活用も急速に進んでいくようです。

アフリカでは「大きく描き可能性に賭ける」というビジョンが大事です。可能性を信じて、将来に対する前向きなビジョンを描くのです。卒業生の中には起業した人もいます。彼ら彼女たちのアフリカでのビジネスの成功、アフリカの発展を、一生涯支援していきたいと思っています。

第2の習慣

「知識」を変える

既存の知識に加えて、新しい知識をいかに学ぶかが問われる時代になりました。今までの知識だけでは不十分という激動の時代にもかかわらず、日本人ビジネスパーソンの能力開発は世界的に見てもほめられたものではなく、知識習得を軽視するような風潮すらあります。さまざまな事象が複合的に関係する現在、専門が一分野だけでは危険です。近年、特に重要性が指摘されている、幅広い教養をも高めなくては世界で通用しません。

21世紀は、**知識のバージョンアップと本格的教養**の両方が真に求められる時代になりました。これまでの延長線上にない方法で効果的に学び、知識を集積する習慣・方法論について見ていきましょう。

根本課題
①

社会人になってから学び続けない日本人ビジネスパーソンの能力開発は世界最低レベル

一流といわれる大学を卒業して一流といわれる企業や官庁に勤務している人の話を聞くと、日常業務に埋没して能力開発に時間を割けていない様子がよく見受けら

世界

社会に出ても
大学で学び直す

日本

社会に出たら
大学で学び直さない

図 7

れます。長年の低成長時代に人員削減が行われ、マネジメントクラスは忙しすぎて、そのような余裕がない状況に置かれていることも要因です。自主的に勉強することをせず、研修も受け身、それなのに居酒屋では上司への恨み言……。そんなビジネスパーソンや公務員が残念ながら多いのです。

日本のビジネスパーソンが学んでいないことはデータでも裏づけられています。大学入学者の中で社会人経験があると推定される25歳以上の割合は、日本は2％程度であり、ＯＥＣＤ諸国の平均が20％程度であるのと比較してはるかに低くなっています（文科省およびＯＥＣＤ資料）。この数値から、大学卒業後に大学や大学院に入って学び直す人が少ないことがわかります。

また、企業研修においても、米国の大企業では1人あたり平均1000ドル以上かけることが多いといわれる一方で、産労総合研究所によると、日本では4万円台とされます。このように**世界水準で見ると日本人ビジネスパーソンの能力開発への投資は大変に遅れているという事実をまず認識することが重要です。**

特別背任で有罪になり、服役した経験を持つ大王製紙前会長の井川意高氏は、次のように述べています。

「私が持つ知識の量は、東大時代が人生のピークだったと思う。社会に出てからは、アウトプットするばかりでインプットする時間があまりにも乏しかった」（堀江貴

文・井川意高『東大から刑務所へ』幻冬舎）

その反省から獄中でたくさんの本を読んだとのことです。日本では、勉強とは大学や高校までの学生時代に行うもの、という感覚がまだまだ強いのではないでしょうか。**過去の学歴が大事なのではなく、今どんな新たな知識を身につけて成長をしているか**です。知識のバージョンアップが求められているのです。

根本課題②

「インターネット時代だからこそ知識が重要」という認識が弱い

インターネットでほとんどの知識を得られるので知識を有することは意味がなくなったという意見をよく聞きます。これは日本だけでなく、世界中でいわれていることです。単なる丸暗記は意味がないという程度の意味であれば賛成です。しかし、知識は不要という意味であれば反対です。

たとえば、イスラム原理主義者によるテロを考える際、イスラム教に関する知識がないと何も議論できないのは明白です。インターネットで短時間検索した程度では、正確、かつ深い知識を得ることはできません。原理主義的な考えを持つイスラム教徒の中でも、テロに走る人はごくごく一部です。そのことを知らないと、大きな偏見を持ってしまいかねません。

ここでいう知識とは、短期的で動的な情報に対して、長期的で静的なものを指します。そもそも情報と知識の区別には絶対的なラインがあるわけではなく、相対的である点には注意が必要です。新聞やテレビ、ソーシャルネットワークが情報、良質な書籍や大局的な視点を持った実務家・専門家の知見などが知識です。新聞でも長期的な視点を与えてくれる知識もある一方、書籍の中には一時的な価値しかないものもあります。

インターネットで多くの情報や知識が入手できる、デジタル革命といわれる変革の時代であるからこそ、知識がますます重要になっています。その理由を改めて整理しておきたいと思います。

第一に、**さまざまな情報が錯綜する中で、コアとなる知識が定着していないと判断を誤る**ことが挙げられます。これは1章でも言及したとおりです。

たとえば、人類にとって大きな課題であるエネルギーの安定供給問題。原発については賛否両論ありますが、太陽光など再生可能エネルギーに関しても、蓄電で安定供給ができるという意見から、コスト高や供給量の不安定さのため安定供給は困難という見解までさまざまです。

この点について判断するには、エネルギー問題やエネルギーが経済に与える影響についてのコアとなる知識と、それに基づく洞察が不可欠であることはいうまでもありません。

第二に、スピード化する現在では、**瞬発力の前提として知識が求められる**からです。ビジネスの現場では瞬時に何らかの仮説を立てる必要に迫られます。たとえば、ＩｏＴ（Internet of Things）に関する知識がないと、クライアントとの打ち合わせでビジネスモデルに関する臨時の仮説を立てることができず、話を進めることすらできないでしょう。

根本課題③
学ぶ分野が限定されており、幅広い教養に欠ける

多くのビジネスパーソンは、自分の本業に関する分野については経験を積み、一定の知識を習得しています。しかし、その専門分野を離れると知識が限定されていないでしょうか。この激動の時代、検索エンジンのグーグルが自動運転車の開発に乗り出すように、さまざまな事象が相互に関係性を高めています。まさに知識にボーダーがない時代とも言え、いかなる分野の知識も積極的に収集していくことが必要です。

また、イノベーションにおいても、前提知識がないと異分野同士の知識を繋げて新たな製品やサービスを生み出すことができません。**日本企業でイノベーションが起きにくいのは、リスクをとらない組織風土の他、知識・経験が特定分野にとどまっていることが要因です。**そのため知識の幅を広げ、教養を身につけることが大事になります。

では、そもそも教養とは何でしょうか。私は次のように考えています。それは社会科学、自然科学、人文・芸術について、バランスよく知見があることです。

社会科学には、政治経済、ビジネスの他に、世界各国・地域の実情などが含まれます。主として人が社会的に活動する領域です。そして自然科学とは、物理、化学、生物、医学、工学、天文学などいわゆる理系の分野全般を含み、科学的証明や客観性が重視される分野です。また人文・芸術は、文学、哲学、歴史、宗教、芸術などですが、必ずしも論理だけでは割り切れない側面があります。特に**人文・芸術は、社会科学や自然科学の根本にある真実を知るために不可欠な分野**であると考えています。

近年、教養に関する書籍が多数出版されています。「グローバルな教養」が求められていることが背景にありますが、日本人ビジネスパーソンは教養という点でいくつかの弱みがあります。

第一に、リベラルアーツ教育が日本の大学では脆弱なことです。教養・共通科目で学んだり、教養教育を重視している大学ももちろんあります。しかし、社会全体における教養教育の認知度が低く、そもそも大学や先生、学生が教養科目を軽視する姿勢すらうかがえます。これでは現役学生に教養の重要性を認識させることは難しくなります。

第二に、教養の一つの中核的なテーマである哲学、芸術、宗教などについて積極的に学んできた、あるいは学んでいるビジネスパーソンがまだまだ少ないことです。彼らの出身学部は経済学部や商学部、工学部、法学部が多く、ビジネス直結型の内容が中心であるため、どうしても哲学、芸術、宗教といった教養的な分野が弱くなります。

英オックスフォード大学では、ＰＰＥといって哲学（Philosophy）、政治学（Politics）、経済学（Economics）の３つの科目を学ぶ看板コースに世界の優秀な学生が殺到しています。**政治学、経済学と並び哲学が重視され**、哲学を学んだ卒業生は、経済界や官界、政界などで活躍しています。

第三に、日本人は**日本語で読んで議論する傾向が強く、教養において重要な外国語を通じて多様な視点で考える傾向が薄くなっています。**

神戸情報大学院大学でアフリカの学生と議論して常に感じるのは、彼ら彼女たちは母国語での書籍が少ないがゆえに、英語圏出身者でなくても英語で読み、議論するのを当然視していることです。たとえば、タンザニアで話されるスワヒリ語は、東アフリカでは広く通用するアフリカの有力言語です。しかし、それでもスワヒリ語の専門書は少なく、英語の書籍から専門知識を得るのが一般的です。また、多くの国と国境を接するヨーロッパでは数か国語を解する人が多いこともよく知られています。

なお、英語ネイティブは外国語が不得意な人も多く、その意味では外国語を通じて多様な視点で考える傾向は弱いと言えます。この点では、母語である日本語の他に英語ができる日本人の方に一定の軍配が上がります。

しかし、私がここで言いたいのは、ただ教養を身につければいいという話ではありません。物理学者のアルベルト・アインシュタインは次のように言っています。

「大切なのは、疑問を持ち続けることだ。神聖な好奇心を失ってはならない」

教養を考える上で、「論理的思考力や疑う力」「好奇心」は必須です。さらに、そ

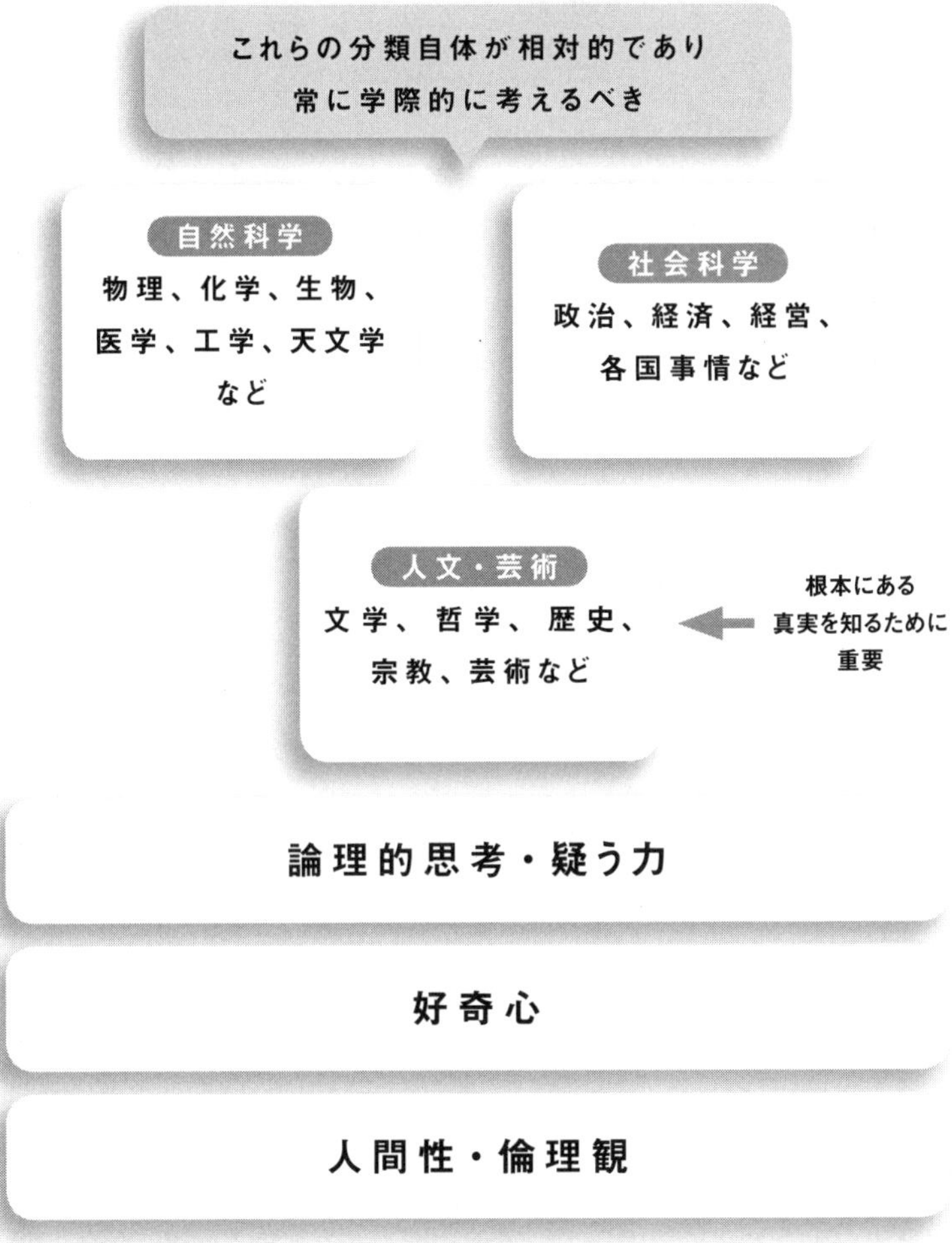
これらの分類自体が相対的であり
常に学際的に考えるべき
自然科学
物理、化学、生物、
医学、工学、天文学
など
社会科学
政治、経済、経営、
各国事情など
人文・芸術
文学、哲学、歴史、
宗教、芸術など
根本にある
真実を知るために
重要
論理的思考・疑う力
好奇心
人間性・倫理観

図8

の前提として「人間性・倫理観」があります。ここで「人間性・倫理観」を入れるのは、いかに教養があっても、他人を騙したり、社会にとって害悪なことに用いられてはいけないからです。教養はあくまで「人間として正しいこと」のために用いられる必要があります。この「人間性・倫理観」は、人文・芸術分野の知見と関連性があると考えています。だからこそ、哲学を含めた人文・芸術の重要性を強調したいのです。

森羅万象に好奇心を持ち学ぼうとする習慣

根本課題
①②③

「この分野は自分には関係ない」「このテーマは特に学ぶ必要がない」と思うことは避けるべきです。幅広い教養が必要な今、森羅万象に関心を持つことが大切です。**森羅万象に関心を持つと言っても、難しく考える必要はありません。**日常で目にするもの、聞くことについて疑問を持ったり、深掘りしたりする程度でまずはＯＫです。

自分の専門分野から離れている場合は、書籍での理解が難しいことが多いものです。そこでセミナーや講演などにあえて行くことをおすすめします。専門家が一般向けに行うセミナーや講演であれば特に難しいことはないので、そこで好奇心を高めることができます。

また、人と話をしたり、街を歩いたり、旅行したりして、目に入ったものにことごとく関心を持つ姿勢が大事です。**自分の知らない飛び地にあえて行き、そこで得た知識を基に周辺分野を攻めていく習慣は重要**です。たとえば、ゲノム編集について知らないのであれば、友人から話を聞き、その基礎にある生化学の素人向けの書籍を読むこともできます。また、いろいろな国に行き、その国や地域について調べたりして知見を深めることは大変重要です。

「それでも自分には好奇心がわかない」という場合は、好奇心のある人と付き合うのもおすすめです。芸術家は好奇心を維持拡大するために、好奇心のある人同士が集まるといわれます。森羅万象に好奇心を持つことこそが、学びの出発点になるのです。

そのジャンルで異端とされる本を読む習慣

根本課題
①②③

本が知識を得るための基本手法であることは今後も変わりません。どんな分野でも、成果を上げている人で読書が重要ではないという人は存在しないでしょう。では、どのように本を通じて世界に通用する地頭力を鍛えるのでしょうか。

第一に、**本のジャンルの多様化**です。私がリーダー開発、世界の経済ビジネス情勢、国際政治、最先端テクノロジーなど本業、専門分野に近い分野の書籍を読むことは当然として、さらに歴史、哲学、宗教、文学、芸能など、広く教養に関する分野の本も多数読みます。落語を学んでいることもあり、芸能人が書いた芸に関する書籍を読むのも好きです。一つの道を究めることには学びがあります。図書館で、普段読まない分野の本を、半ば強制的に借りてみるのもおすすめです。

第二に、**著者の国籍の多様化**です。日本人著者の書籍の比重は半分以下にして、できる限り日本人以外の著者が書いたものを読むようにします。

第三に、**異端とされる書籍、自分と違う立場の著者の書籍も読む**など立場の多様化です。マスメディアなどではどうしても一般的なものの見方といった視点が重要視されます。そのため、既存の枠組みからの視点の論調が多くなります。

しかし、世の中には異端と思われる人や既存勢力と戦っている非主流に身を置く人の視点が大事なことがあります。たまには異端と思われるような意見も吸収しておくことが必要です。

たとえば、元英国外交官で現在はＮＧＯで国際紛争の解決を目指しているカーン・ロスの著書『独立外交官』（英治出版）は、国際社会がいまだに国家機関に比重を置きすぎているために、少数者が置き去りにされている現状に警鐘を鳴らす名著です。国際政治の「教科書」とされる本とはまた別の視点を得ることができます。

外国の映画・ドラマを戦略的に見る習慣

根本課題②③

私は外国制作のドラマをよく見ますが、年間１００本程度は映画も見ています。映画は世界に関する知識を習得するにはうってつけの教材です。特にハリウッド映画は日本人になじみがあり、私もアカデミー賞受賞作品やヒット作、時代や社会への洞察を高めてくれる映画は極力見るようにしています。

映画を見る際に強調したいのは、**日本、米国以外の映画もできるだけ見る習慣**です。文章で読んでもわからないさまざまな実情が映画でわかるからです。たとえば、私は飛行機の中でインド映画をよく見ます。

映画大国インドでは、ボリウッド映画と呼ばれる見どころのある映画を多く制作しています。州が違えば言葉や文化が違う多民族国家インドにおける出身地の異なる男女の結婚問題は、映画だからこそ理解できるということがあります。それは日本の関東と関西の違いや北海道と九州の違いの比ではなく、本人同士は英語やヒンディー語で話をしても、出身地が違う親同士の会話が成立しないなどです。言葉が通じず、早速未来の姑と嫁の紛争ぼっ発というシーンを映画で目にすることがよくあります。

海外ドラマにも秀逸な作品がたくさんあります。最近はCS放送やHuluなどインターネットのドラマ配信で簡単に視聴できるようになりました。特におすすめしたいのは、トルコ制作のドラマ「オスマン帝国外伝」です。

オスマン帝国の最盛期スレイマン大帝の時代（16世紀初頭）の後宮の実態や対外侵攻などを描いたこの大作は、世界80か国で放映されるなど、世界のドラマ史上に残る記録的大ヒットとなりました。当時のオスマン帝国の首都イスタンブールは世界から人種や宗教、言語に関係なく多くの人材を受け入れており（無理やり連行された人もいたのですが）、帝国の高官になった人も多数いました。**グローバル人材の登用という現在の大きな課題について、500年も前に先取りしていたオスマン帝国の先進性には驚くばかり**です。

海外ドラマは連続物が多く、2時間程度の映画以上にその国の文化や歴史、人々の考え方を、脚色はあるとはいえ、深く知るきっかけになります。本能寺の変や関ケ原の合戦など同じテーマを繰り返す大河ドラマだけではなく、知識を高めるために、海外ドラマを意図的・戦略的に視聴していくことは効果的です。

STEMを学ぶ習慣

根本課題 ①②③

世界では、STEM（Science, Technology, Engineering, Mathematics）教育の重要性が増しています。STEM教育のポイントは、サイエンス、テクノロジー、エンジニアリング、数学の垣根をなくして、理論、自然現象から身の回りの技術までを一体的に学ぶ点にあります。サイエンスやテクノロジーの変化は著しく、最先端の事例や理論にキャッチアップすることが求められているからです。

どんな人でもSTEMについて学ぶ必要があります。そうでなければ時代にとり残されてしまいます。「自分の業態では関係ない」「文系だから」といった言い訳は、これからのビジネスパーソンには通用しません。では、どんな体験を習慣づけるとよいのでしょうか。

第一に、STEMに関する知識を得ることを毎月・毎週のレベルで仕組み化することです。たとえば、「ナショナル ジオグラフィック」は雑誌、テレビ番組ともに非常によくできています。「ニュートン」「日経サイエンス」など国内にも多くの優れた雑誌があり、NHKのEテレの科学番組もおすすめです。また、新書などで各分野の一般向け入門書を読んでみることもおすすめです。

第二に、**実際に触れてみる、実験をすることが重要**です。これだけ最先端のテクノロジーが大事といっても、実際に使っている人は多くありません。たとえば、ウェアラブルな製品を実際に購入して自分の体に着けたことがある人はどれだけいるでしょうか。まずは製品やサービスを実際に使ってみることです。

第三に、企業や工場訪問を積極的に行うことです。訪問によって、その企業の持つ技術や製品に触れることができます。

また、企業博物館もおすすめです。日本は世界的にも企業博物館が多い国です。長い歴史のある会社も多く、沿革・発展を大事にしているからでしょう。世界の大企業にも企業博物館がある場合もあります。私は訪問したい企業博物館リストを作り、出張の合間などに訪問するようにしています。ぜひ積極的に訪問してみてください。

知識を深め、見識に高めるための「対話」の習慣

根本課題
①②③

単に知識があるだけでは尊敬されません。知識を深く理解した上で、自らの価値観や体験、他の分野の知識、時に日本に関連する知識などを踏まえた「見識」が世界では求められます。そのような見識を得る上で重視すべきは対話です。質疑応答などを通じて自らの考えを深め、知識や考えが深まれば自らの軸が定まり、見識になります。対話こそが知識を見識にまで高める有力な方法なのです。

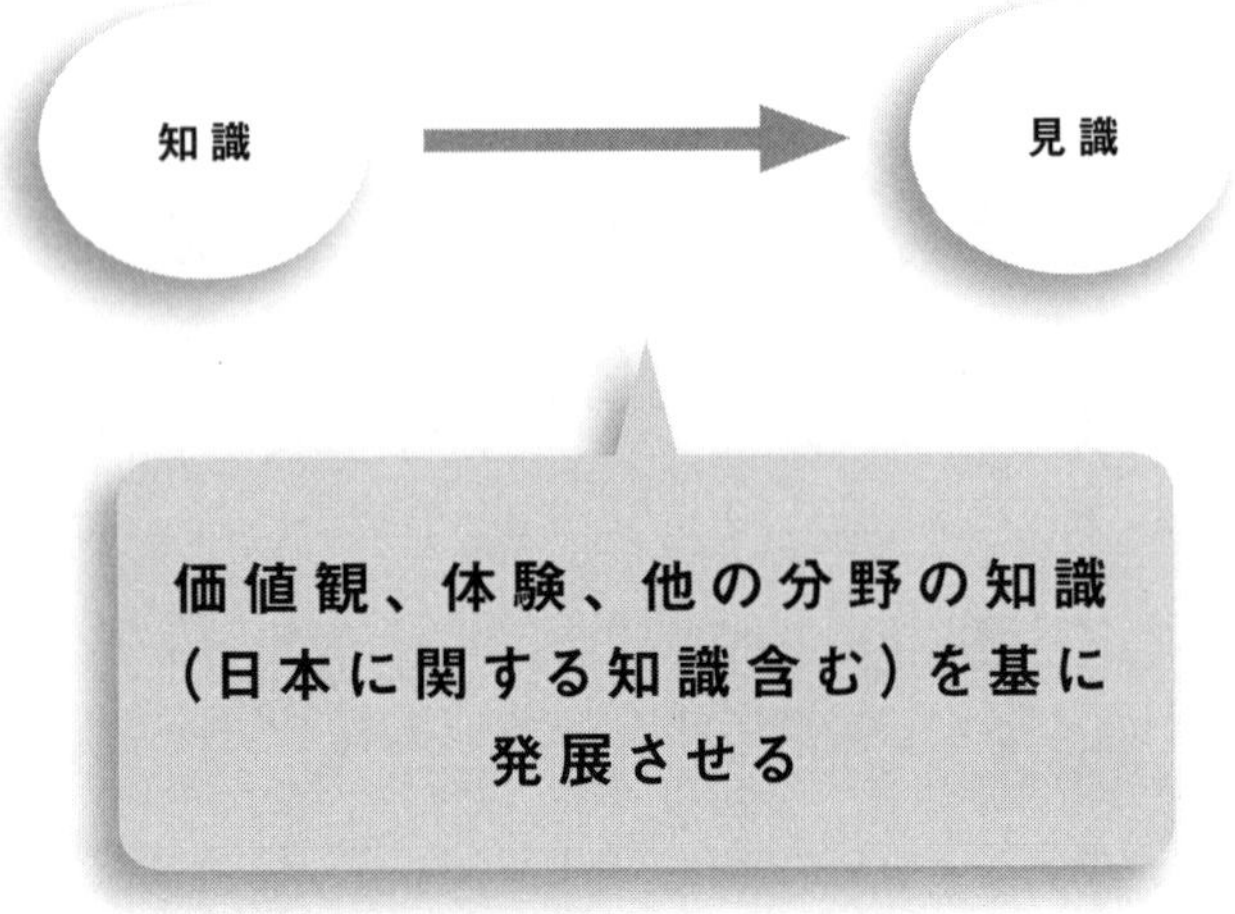
知識
見識
価値観、体験、他の分野の知識
（日本に関する知識含む）を基に
発展させる

図9

ＮＨＫのＥテレにも登場したハーバード大学のマイケル・サンデル教授。その白熱した教室こそが、教授と受講者の対話でした。対話は古代ギリシャの哲学者ソクラテスが、哲学的思考を深めるために活用したことでも知られます。アテネの街にはソクラテスが対話をしたとされるアゴラが今も残っています。**世界では対話こそが知識を深め、見識にまで高める手法として広く認知**されています。では、私たちはどんな習慣を身につけることで対話を日常的に深めることができるでしょうか。

第一に、**講演やセミナーなどに出席し、必ず質問する**ことです。質問することで知識が深まるだけでなく、質問したことは記憶に残りやすいのです。

学会もおすすめです。学会では小さな分科会の発表など大半が質疑応答の時間を設けています。「今日は一日ずっと質問をし続けるぞ」と思い、実際に実行すると効果的です。最近は学際的な意見を歓迎する学会も増えており、敷居はそれほど高くありません。ビジネスパーソンの皆さんも、最低一つは学会に所属することをおすすめします。英語の会議でも当然、必ず質問すべきです。

第二に、リアルでなくても、ウェブセミナーやスカイプ会議などで対話をすることです。特定のテーマで月に１回程度、スカイプ勉強会をすると知識が深まります。特に外国人との対話で異なる視点を大事にしたいものです。

第三に、対話型ワークショップに参加することです。最近の研修は対話型のワークショップが主流になっています。ファシリテーションの上手な講師が登用される傾向があるので、会社の研修があればぜひ参加してみてください。

根本課題③

「インドで月給3万円の労働者なら」「米西海岸のスタートアップIT企業社長なら」と当事者になって考える習慣

知識を定着させるには、当事者の立場に立ってみることが効果的です。たとえば、インドで月収3万円の労働者であればどう感じるか、米西海岸のスタートアップ企業の社長であれば何を考え、次回の交渉でどんなオファーをするかという問題意識を常に持ち、考えるのです。表面的な予想であれば、なんとかなります。しかし、相手の置かれた状況を深く理解した上で、互いにウィンウィンとなる関係を築くのはそう簡単ではありません。

ここで具体的に実践してみましょう。まずはインドという国に想像が湧かなくてはいけません。カレーやヒンドゥー教以外にすぐに思いつくものがあるでしょうか。民族、宗教、言語など多様な側面を持つインドについて、一義的に理解することは決して簡単ではありません。

その際、月収が3万円であるという事実にも想像力を働かせて理解することが重要です。一般に所得が低いから、月3万円でもやっていけるだろうといった安易な見方では失敗します。新興国だから一部のお金持ちを除くと貧しい人ばかりという理解では、判断を間違えることになるので要注意です。

世界には、表面には表れない「インフォーマル（非正規）」な経済があります。税務当局が把握できない取引です。たとえば、新興国の大都市を歩くと土産物を売り込まれることがよくありますが、このような取引は一般にインフォーマル経済であり、税務当局は完全には把握していません。新興国の住宅を訪問すると、所得の割に家財道具が豊かであることに驚かされます。実際、月収の何倍もするような家電製品やパソコンを持っている人も少なくありません。

また、家族について想像をめぐらせることも重要です。本人と配偶者の他にも、子供の数が多い可能性があるでしょう。また、親や兄弟姉妹の面倒も見ているかもしれず、大家族の中で唯一の稼ぎ人かもしれません。

月収3万円のインド人ならどのように感じるのか、を理解することは大変に重要です。そこから知識としての理解が深まるからです。

一方で、米国西海岸のスタートアップ企業の社長はどんな考えでしょうか。日本では、いまだに安定が重視されます。しかし、米国西海岸のスタートアップ社長は、むしろリスクをとることを重視します。彼らにとって安定とは、リスクをとらないこと、すなわち事業として成長していないことを示しており、起業家としては最悪の状況だからです。

また、仕事のスピード感も違います。スタートアップ社長の多くは即断即決です。日本企業、特に大企業のように社内調整や意思決定に時間をかけることはしません。このような組織風土に慣れた日本人ビジネスパーソンがスタートアップ社長の立場に身を置くことは実際には難しいのですが、さまざまな場面において心底相手の立場になって考えることが世界に通用する力を作ります。大事なことは、表面的ではなく心底、という点です。これが大変に難しいことは事実ですが、一定の知識を持った上で、読書や映画やドラマを通じて極力多くの人の思考や感情に寄り添う習慣を身につけることが大切です。

各国の歴史・民族・宗教・経済・政治を常にチェックする習慣

根本課題①②③

三菱グループを知らない日本人は少ないと思いますが、インドネシアの大財閥サリムグループについては知らないという日本人は多いのではないでしょうか。

日本国内の情報であれば、これまでの知識で対応できたり推測できたりしても、海外情報になると前提知識がないと対応できないことが多いものです。そのため**ビジネス上直接関係のある国や地域については、その国の概要を知るように意図的に前提知識を強化する習慣が重要**です。私がおすすめするのは、次の5つの事項についてチェックすることです。

・歴史（建国や独立の時期、旧宗主国、周辺国や大国との支配・被支配などの関係）
・民族（民族と密接な関係にある言語にも注目、複数の民族が存在している点にも注意）

・宗教（主要宗教に加えて、少数宗教の存在にも配慮）
・経済（人口１人あたりＧＤＰ〈国内総生産〉や成長率、失業率、産業・ビジネスの現状）
・政治（政権政党の政策、民主化の進展度合い）

また、世界のどの地域にも関心を持つことが重要である以上、ビジネス上の関係が薄い地域についても、次のような知識は最低限押さえる必要があります。

・人口や経済規模の大枠（インドネシアの人口は2億人を超えているなど）
・民族、言語、宗教の大枠（中南米にはカトリック教徒が多く、ブラジルはポルトガル語であるがその他はスペイン語が多いなど）

私が会った各国の外交官の多くは、驚くほど歴史を熟知していました。中東専門の外交官にとっては、アラブとユダヤの歴史について旧約聖書まで遡って詳細に解説できることが普通と言ってもよいくらいです。中国を専門とする外交官であれば、漢字文化圏ではない欧米出身者でも、中国語が堪能で、中国の歴史や古典に通じていることが多々あります。世界のプロは歴史について明るいのです。

イノベーションを視野に入れて世界の知識を組み合わせ、再定義する習慣

根本課題②③

イノベーションを「技術革新」と訳すことがあります。しかし、より正確には「新結合」、つまり新しい切り口や視点で社会に新たな価値を生み出すことと考えられています。世界のさまざまな事象や、その基礎にある知識を組み合わせるということです。

新結合の例としては、スマートフォンがその典型です。携帯電話とインターネットを繋げてさまざまなアプリケーションでサービスを展開することは、既存のもの同士の結合でした。古くは消しゴム付き鉛筆なども新結合のイノベーションの一例です。鉛筆と消しゴムはそれぞれ存在していましたが、19世紀半ばになって初めて両方が一体化した製品ができたのです。

イノベーションというと、企業、特に製造業やＩＴ企業が起こすイメージがあるかもしれません。しかし、政府や大学など教育機関、病院など医療機関、さらには

ＮＰＯなどの非営利組織などにおいても幅広く求められるものです。激動の時代の今、あらゆる分野においてイノベーションが求められていると言っても過言ではありません。複数のものを結合させることで新たな価値が生まれます。新たな切り口や視点でモノを見るというような、幅広く、複合的な知識が求められているのです。

また、イノベーションは既存のものを再定義することによっても生まれます。たとえば、軒先を時間貸しするシェアリングエコノミーが広がっています。貸す方にはレンタル料が入り、借りる方は売上や集客が見込める場所を短時間、比較的安価で借りることができます。これまで単なる雨をしのぐ場所に過ぎなかった軒先を再定義したのです。このような再定義のためにも、知識や情報のインプットは大変に重要なのです。

付加価値をつけてアウトプットする習慣

根本課題
①③

知識はなかなか定着しないことも多いものです。特に、自分が知らない分野や世界の知識であれば、定着に時間と労力がかかることも多いでしょう。そのようなことを防ぐために、アウトプットをこまめに行うことが理想です。そのために以下の習慣が考えられます。

・本業での資料に活用してクライアントに提案する
・ソーシャルネットワークに投稿する
・誰か（家族や友人で可）に話す

知識はアウトプットすることで初めて本格的に身につくものです。その際、ぜひとも付加価値をつけることを意識してください。付加価値をつけるには以下のことなどが挙げられます。付加価値をつけてアウトプットする習慣をぜひとも実践してみてください。

・自分の見解を入れる
・別途、周辺知識や関連知識を調べて入れる
・数値情報を必要に応じて図表にするなど視覚化する

コラム

7つめの大学で学ぶ学習オタクの私

私は京都造形芸術大学の通信課程の学生でもあります。eラーニング中心の通信課程ですが、正規の学生です。そこで芸術やデザイン、その社会的意義や活用方法について真剣に学んでいます。**今後のリーダーにとって芸術やデザインは不可欠の素養である**と考えているからです。

「なんていう学習オタクだ。仕事しろ」と叱られそうですが、私はこれまで通算6校の大学で学び、京都造形芸術大学で7校目です。その7つの大学で学んだ分野、学位は図10のとおりです。

なぜ大学で学び続けるのか。それは、激動の時代のリーダーには幅広い知識と洞察が求められるからです。大学では、単に講義を聴くだけでなく、議論に参加したり、事実や既存の理論に自らの考察を加えたレポートを書いたりといった主体的な関与が求められます。

また、自分が必ずしも重要とは認識していなかった分野、自分からは主体

大学	学部・コース名	学んだ内容	学位	入学時年齢
東京大学	法学部	法律全般 ゼミは国際法	学士	18歳
カイロ・ アメリカン 大学	アラビア語 コース	アラビア語 文化人類学	なし	23歳
ケンブリッジ 大学	社会政治 学部	開発学 論文テーマ 「日本の経済発展と アジア」	修士	25歳
大阪大学	国際公共 政策研究科	人材開発・労働経済・ 財政学 論文テーマ 「公務員の人材開発」	博士	33歳
ビジネス・ ブレークスルー 大学院大学	経営管理学科	経営ビジネス全般 論文テーマ 「人材開発の 効果測定」	修士 (MBA)	40歳
高野山大学	密教学科	仏教全般 論文テーマ 「仏教思想を ビジネスに生かす」	修士	43歳
京都造形 芸術大学	芸術教養 学科	芸術・デザイン	在学中	49歳

図 10

的に学ばない分野でも、必修科目であれば単位数を満たすために履修して勉強する必要があります。**半ば強制的に未知の分野を学ぶことになる点が、大学の重要な点だと思います。**知識の枠を否応なく広げてくれるからです。

高野山大学の修士課程では必修科目も多く、難解な漢文の仏教典と格闘しましたが、そのおかげで仏教思想に関する知見が相当深まりました。高野山大学で学ばなかったら、仏教典を読むことは一生なかったでしょう。

私の本業は、対話を通じてリーダーの知識・見識を深め、高めるためのお手伝いです。ファシリテーターの私自身が正解を持っているわけではありません。しかし、対話における素材として多くの引き出しを持っていないといけません。まさに幅広い教養が求められるのです。

自然科学については大学に行けていないことが残念ですが、セミナーや講演、専門学校などで補っています。今後とも知見を深め、広げることで、世界各国のリーダー開発に取り組んでいきたいと思います。

参考：知識不足で起こりがち――「世界でこれを言うとNG」の事例

「あなたの宗教は何ですか」と聞かれた経験があるでしょうか。そんな時、「いやあ、別に」とか、「特になく、無宗教です」とか答えていないでしょうか。日本国内ではこれでよいのですが、世界中の多くの国で、この答えはNGです。

私の知人の中に、**ある外国人ビジネスパーソンから「あなたの宗教は？」と聞かれて「無宗教です」と答えた瞬間、相手が引いていったという経験をした人もいます**。その結果、その人とはよい関係を築けず、当然ビジネスには発展しなかったとのことです。かなり悔しそうでした。

もちろん相手や国・地域にもよりますが、「私は無宗教です」と言うと、「私は神様を信じません。ですから悪いこともするかもしれません」ととらえられる恐れがあります。儒教的な価値観が強い東アジアを除く地域では、「無宗教」と言わない方が無難です。宗教以外のテーマでも、次のようなNGがあります。

第一に、差別につながる発言です。日本は民族的・文化的に同質性が高く、ダイバーシティへの理解が遅れています。国会議員、上場企業取締役など社会の指導的な地位に占める女性の割合は先進国で最低レベルです。性的少数者であるLGBT

については、トランスジェンダーのタレントがテレビなどに頻繁に登場していると いう点では欧米よりも進んでいると言えるかもしれませんが、同性婚は法律上認め られていません。

特に移民国家である米国は、人種や民族による差別には厳しい国です。相手の名前や先祖の出身国を聞くことが失礼に当たることもあります。公の場での人種差別的な発言は即解雇、というのが世界の潮流です。ＳＮＳなどですぐに全世界に情報が駆け回る時代は、「注意一秒、怪我一生」です。

第二に、相手国の歴史に関する無知からの発言です。特に隣国との戦争や植民地支配、民族自決についての戦いなどについて無知であることはＮＧです。

たとえば、日本が戦時中に侵攻したこと自体を知らないということは、相手国の人からすると「お引き取りください」となります。また、第二次大戦での日本のアジア諸国の侵略について知識があっても、欧米からはむしろ攻められたという被害者意識を持っている日本人も少なくありません。しかし、米国は真珠湾攻撃で多数の死者を出し、欧州諸国は多数の捕虜を日本軍にとられています。日本軍の捕虜の扱いは国際法の基準に照らして大変に問題があったとされていることも念頭に入れておく必要があります。

繰り返しになりますが、**第三に、宗教に関する無知からくる発言です。**世界の宗教人口の中で大きな割合を占めるキリスト教、イスラム教、仏教、ヒンドゥー教や、キリスト教やイスラム教と同じ一神教であるユダヤ教に関する基本的な知識の欠如は即NGです。

日本は、古代から八百万《やおよろず》の神といって、草木など自然を含めて敬うことに慣れてきました。神というと、身近で親しみを感じる存在であると感じている日本人も少なくありません。「〇〇の神様」と、神様を他の事柄と簡単に結びつけるのも日本人の特徴です。しかし、ユダヤ教、キリスト教、イスラム教などの一神教においては、天地創造をした神は唯一絶対の存在です。話題にするときは細心の配慮が必要です。

第3の習慣

「ワークスタイル」を変える

ワークスタイルは、日本語に訳すと「働き方」となります。しかし、日本で「働き方」というと、「残業を減らしてワークライフバランスを実現」といった文脈で使われることが多いため、私は「ワークスタイル」と呼んでいます。具体的には、働く際の成果に向けたジョブ（職務）やキャリアの意識、パフォーマンスへの向き合い方、イニシアティブなどを指します。

以前コメンテーターとして出演した、テレビ朝日「ビートたけしのＴＶタックル」で、大学生など若者の公務員志向・安定志向がテーマに上がりました。「保健師になって地域の医療・健康に貢献したい」「警察官になって安全・安心な街を実現したい」など、公務員はやりがいがある素晴らしい仕事です。しかし、単に安定志向がゆえの「公務員になりたい」という学生も多数登場しました。

いま、若手起業家など素晴らしい推進力を持ったビジネスパーソンも増えています。大手企業で若手リーダーとして選抜されてくる方の中にもきらりと光る人材がたくさんいます。彼ら彼女たちと接しているととても刺激を受け、「日本もまだまだ捨てたものではない」と思います。

しかし、ＴＹタックルに登場した若者のように、公務員に限らず企業に勤務する人にも大企業志向、安定志向はあり、自分の属する組織に対するぶら下がり意識が日本社会全体を覆っています。この**組織へのぶら下がり意識は世界的に見ても異常**

です。ここに大きなメスを入れる必要があると考えています。

こう言うと、「正社員として就職するだけでも大変なのに」と言う声が聞こえてきそうです。しかし、正社員といっても安泰ではありません。ビジネスパーソンとして生き残るためには、ぶら下がり意識を捨てるべきであるというのが本章の趣旨であり、本書がすすめるワークスタイルです。

根本課題①

世界に比べジョブ、キャリアへの意識が弱く、モチベーションが低い

「日本人は勤勉」と一般的には思われています。時間厳守、ミスなく作業を黙々とこなす、残業をいとわないなどの点では、確かに勤勉と言えるでしょう。しかし、社員のやる気・モチベーションという点では世界で最低クラスです。

リーダー開発、人材開発の分野では「エンゲージメント」という用語がよく使われます。エンゲージメントとは、「組織に貢献しようとするモチベーションの高さ、そして組織の目標を達成するために自分で努力しようとする意思の大きさ」と定義

されます。つまり、のめり込むようなやる気のことです。

米国のあるコンサルティング会社が世界で3万人以上を対象に調査したところ、日本人のエンゲージメントは主要国の中で最低でした。類似の調査は多数あり、ほぼ例外なく日本人ビジネスパーソンのやる気やモチベーションは世界と比較して低いという結果になっています。

日本では個人の職務能力を十分見ずに採用され、いったん雇用されると会社や上司の意向に職務が左右されるなどキャリアは会社任せです。主体的に職務を通じたキャリア形成ができないため、ジョブ（職務）に対して受け身にならざるを得ず、そのため積極的に個人がキャリア形成に動けないという状況があります。まさに「ぶら下がり」です。このように自らの専門性を高めたり、自己実現したりできないことが、モチベーションを低くしている原因になっていると思います。

他方、世界では採用は職務ごとで、各職務に詳細な能力要件があります。ですから、自ら選択した職務で自らを成長させるキャリアを歩むことが一般的です。その職務に就くために能力開発をするので、やりたいことと職務が合致しやすいのです。

根本課題
②

時間単価、時間成果を意識しないので パフォーマンスが低い

研修や講演で「皆さんの時間単価、時間売上・利益はいくらでしょうか」と問いかけることがあります。時間単価は給料に保険・福利厚生など会社負担分を加えて勤務時間で割れば出ます。しかし、時間売上・利益となるとどうでしょうか。

一部のグローバル企業や先進的な仕組みを導入している企業の社員や歩合制の営業パーソンなどを除き、時間売上・利益はなかなか出ないのではないでしょうか。大企業であれば自らの業務内容を時間単位で記録することはあります。しかし、その記録が売上や利益と連動していないことが多く、1時間あたりの業務がどの程度売上・利益に貢献しているか不明なことが多いのです。

一方、世界のグローバル企業は、この業務が売上・利益にどの程度つながるのかという時間単価、時間成果を常に意識しています。

私が日本総研でコンサルタントをしていた時代、毎日の業務内容や活動を記録することが義務でした。すべての活動は受注済プロジェクト、営業、R&D、情報発

信、能力開発などの項目に分けて入力します。受注済プロジェクトは、受注金額や1日の自分の単価との関係で、入力可能な時間数が概ね決まっていました。

たとえば、10日分の工数で受注しているのであれば、当プロジェクトの活動には若干の増減はありえても、原則10工数分を目安として入力することが求められました。そのため、おのずと時間売上・利益を意識するようになりました。当時の日本企業としては珍しい、完全個人業績主義で、時間売上・利益を意識する仕組みになっていました。

現在、独立して小さな会社を経営していますが、時間売上・利益を意識することは変わりません。むしろ独立自営で厳しい立場に身を置いているからこそ、その点に関する意識はより鋭敏になっています。公務員時代は、時間成果はもちろん時間単価を考えたこともありませんでした。状況対応的に仕事をこなしていた感覚でした。日本総研での経験は、私にとってはコペルニクス的転回でした。

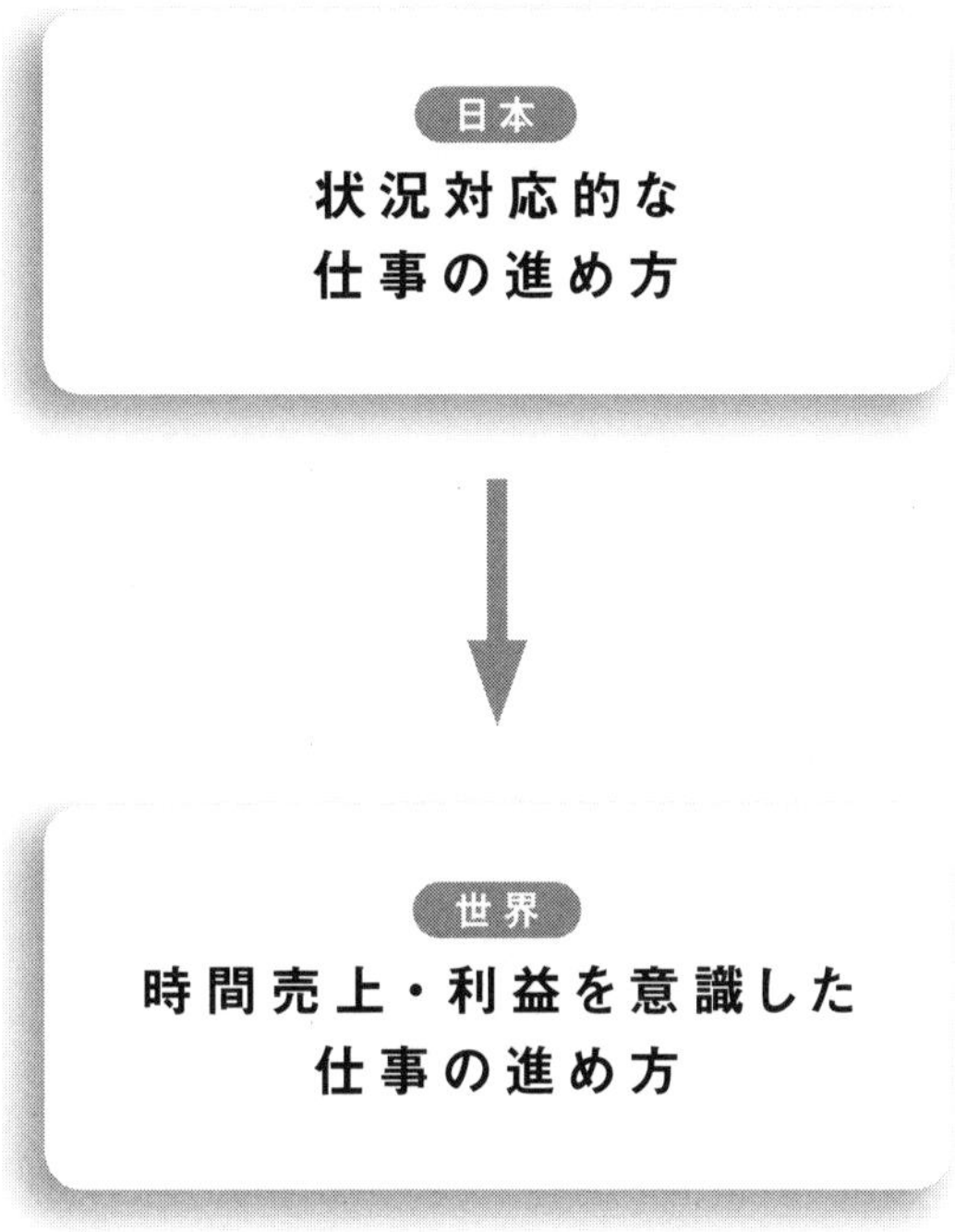
日本
状況対応的な
仕事の進め方
世界
時間売上・利益を意識した
仕事の進め方

図 11

根本課題③

空気を読むため　イニシアティブをとらない

聖徳太子の十七条憲法の「和を以て貴しとなす」という言葉は、日本人の融和協調を重視する価値観を示しており、素晴らしいと思います。しかし、その融和協調の価値観が出る杭を排除する方向に向かうのであれば問題です。何事も「過ぎたるは及ばざるがごとし」です。

周りの目を気にして手を挙げない、黙ったままで意見を言わない、根拠がよくわからなくてもとりあえず同調する、異質な他者は受け入れない……。日本人は空気を読み過ぎるあまり、イニシアティブをとりません。

確かに同調圧力が強いことは否めない事実です。「出る杭」が打たれる状況は誰しも見聞きしたことがあるでしょう。しかし、それによってイニシアティブをとらないのであれば、**リーダーシップの不足に直結**します。リーダーシップは、まず自ら動くことがすべての前提であるからです。リーダーシップ不足は、環境変化に対応できず、新しい時代を先導できないことに繋がるので、組織にとっては大きな問題であり、損失になります。

リーダーシップは経営者や管理職のものではありません。新入社員にも求められるものです。ですから、世界の採用面接の際には、「あなたが過去にとったリーダーシップ行動について説明してください」とリーダーシップがあるかどうかが問われます。これは「志望動機は何ですか」と並び、最も頻繁にされる採用面接の質問の一つです。

もちろん、一部の非民主的な国では状況は別です。以前、**ロシアの人材開発の専門家が「ロシアではリーダーシップの重要性を強調すると、プーチン大統領から睨まれる」と言っていました。**非民主的な国家では、独裁者以外のリーダーは不要ということなのでしょうか。その意味ではリーダーシップと民主主義は結びついており、**リーダーシップは民主主義社会を実現するための重要な概念**でもあるのです。

しかし、民主主義社会であるはずの日本企業の現場で20、30代社員の話を聞くと、「自分はリーダーには向かない」「リーダーになりたいとは思わない」といった声をかなり聞きます。その背景には、大きな数値責任を負わされて顧客対応や部下管理に時間を割いている上司を見ているせいか、リーダーはさまざまな責任を負わされて大変という思いがあるようです。そのため、**世界のグローバル企業の人事担当者の中で、「日本人はリーダーシップをとらない」という悪評があるのです。**

部活動のキャプテンや生徒会長などの経験がある人はリーダーとしての経験値が若干あるかもしれませんが、そもそも日本の学校教育でリーダーシップを本格的に学ぶ機会はありません。ビジョンを持って周りを巻き込み、目標を達成するといったことは問題にならず、意見調整や形式的な代表に留まることも多いのではないでしょうか。総合職など幹部候補として採用されているにもかかわらず、「リーダーになりたくない」という声が多いのも日本の特徴です。

なお、管理職に必要なマネジメント能力とリーダーシップは別物であるという議論が、人材開発の世界ではあります。しかし、これは本書の主たるテーマではないので、ご関心のある方は同分野の世界的泰斗であるジョン・コッターによる『リーダーシップ論』(ダイヤモンド社)をお読みください。

小さくても世界に通用するビジョンを持つ習慣

根本課題
①③

世界で通用する人材は、自国だけでなく世界で通用するビジョンを持っています。

それは個人としてどんなビジョン、大義を考えているのかが問われるからです。なにも壮大なビジョンである必要はありません。日常の職務を通じて世界を少しでもよくしようとするビジョンです。

たとえば、自社のプリンターを使ってもらうことで世界中の企業の業務を効率化させたい、自社のeラーニングの仕組みを導入してもらうことで社員の能力を高めたいなどです。また、自分の住んでいる地域をよくするといった地域限定でも構いません。世界の貧しい村の衛生状態をよくしようというNPO職員のビジョンのように、世界全体をターゲットにしたビジョンである必要はないのです。

ただ、他国や他者の犠牲の上に立つ、排外主義的なものは世界に通用するとは言えません。「自国ファースト」も、もし他国を犠牲にしてでも実現するといった内容であれば、世界では通用しません。世界は共存共栄で成り立っているからです。そして、**私利私欲なく他者のために貢献する内容**であることも重要です。「売上○○円達成」、「経営者の収入アップ」といった内容ではなく、世の中の多くの人にとってプラスになるような大義が必要である点を重視すべきです。

そのようなビジョンを持つには、やはり情報と知識を変えることです。これは1章と2章でお話ししたとおりです。人口が多いわりに英語が通用しない日本は、どうしても内向きになりがちです。多くの情報に触れて同時に広く深く学び、そこから生み出された見識に基づくビジョンであることが重要です。

ビジョンを会社任せにし、主体的なジョブ意識がなく漠然と日々働いていては、世界に通用するビジョンを持つことができません。ビジョンこそがワークスタイルを変える出発点ともいえる大事な点です。

根本課題①
世界では当たり前——好きなことにこだわる習慣

好きなことでないと伸びないというのは多くの識者が指摘していることです。しかし、「上司に言われたのでやむを得ず実行する」「不本意ながら転勤に同意する」など、日本企業では主体的にキャリアが形成されず、不本意な仕事を担当することが往々にしてあります。不本意な仕事であれば転職するのが世界共通ですが、日本では転職せずに嫌々従うことが多々あります。これではモチベーションが上がらないのも当然です。

「今までは、就職するために大学が必要で、大学に入るために勉強するというプロセスが有効だった。でも**今は、好きなことをやる、そのビジネスモデルを作る、そのために学ぶ**というプロセスに切り替えた方がいい」（「週刊東洋経済」２０１７年8月26日号）

これはＭＩＴのメディアラボ所長の伊藤穰一氏の言葉です。どうしても好きなことが見つからない場合は、趣味でも遊びでも追求すべきです。個人として、**自らの得意分野と技を磨き、地道にＰＲしていく習慣**が必要です。私の知人の中に、自分のやりたい分野を磨くために社会人大学院で学んだ人がいます。その点を社内でＰＲしたところ、希望の部署に異動になり、今では生き生きと本業にまい進していいます。事実、希望がとおりにくいと思われる公務員の世界でも、毎年の希望調査で希望異動先を書き続けることで希望がかなった人はたくさんいます。好きなことにこだわっていく習慣はやはり大事です。

根本課題②

自らのパフォーマンスの世界での評価を重視する習慣

いったん入社すると社内の評価や処遇にどうしても意識が向きがちです。同僚が集まれば、社内での評価や処遇に関する不満が噴出することもあるでしょう。そもそも自分の社内での評価や出世についてまったく無関心といえる人は少ないはずです。まったく気にならないという人は、退職勧奨やリストラ解雇に遭う可能性があります。出世はしなくても、やはり一定の評価を得ることなしにはそもそも継続的に働くことができないからです。

また、いかに社内での評価が高くても、社外の評価、世界でのパフォーマンス評価が高くないと、よほどの高業績の会社以外では、「あなたは不要」となります。ぜひともお願いしたいのは、グローバル視点で自分の収入をチェックすることです。**社内ではなく、世界の評価を重視する習慣**です。

まず、新興国の同レベルの人より多くもらっていないかということを、今一度考えてみてください。日本企業の海外法人では、現地雇用社員が駐在員の待遇と比べて不満を持つ例が多数あります。それは、「日本からの駐在員は多額の海外赴任手当をもらって住宅まで提供されているにもかかわらず、仕事ができない」という不満です。日本企業の現地法人における現地採用の管理職クラスになると、修士号を持ち、現地語はもちろん英語も当然できて、日本語もできる場合が多いはずです。一方で、日本人駐在員はどうでしょうか。

確かに海外に赴任するに際しては、子供の教育や住居など多くの困難を強いられ、お金はどんどん飛んでいきます。私自身が海外赴任していたので、それはよくわかります。特に子供を学校に通わせると、日本人学校でもインターナショナルスクールでも大変な支出になります。ですから、会社から一定の補助はやはり必要ではあります。

しかし、現地採用社員と比べるとかなりの好待遇であることは間違いありません。駐在員は市場価値以上の収入を得ている可能性があるのです。そもそも**本社（本国）採用、現地採用といった区別が、グローバル化した現在では優秀なビジネスパーソンの入社を妨げる要因になっています**。世界中どこでも、採用されたら本社社長までのキャリアパスは同じ土俵にしなければなりません。本来、海外赴任の現場は、自らの市場価値を知る格好の場所です。しかし、このような採用ルールでは、日本人駐在員はいつまでもガラパゴスに生息するイグアナです。

ちなみに、日本は学歴社会といわれますが、それは間違いです。なぜなら、特に文系の場合は修士号や博士号が出世の上で有利とはいえないからです。しかし、世界では修士号を取得しているか、それとも博士号取得か、さらに新しく何を学んだのかが重要です。

実際、量子コンピューターの商用生産で先進的なカナダ・バンクーバーのD-Wave社で「**変化の大きい時代なので、博士号取得者でも学び直さないといけない**」という話を聞きました。学び続けることが大事であることは2章でも述べましたが、日本の一流大学を出て一流企業に勤めているのでこれくらいの給料をもらって当然という誤った認識は、ワークスタイルにも悪影響を及ぼします。今こそ、ガラパゴスを脱するときなのです。

現業にこだわらず、幅広くキャリアの可能性を考える習慣

根本課題①②

現業に対して不満のある方も多いと思います。実際、自分が好きであり、やりがが

いを感じる仕事でないと全力投球できないのは当然です。その場合、転職を含めた可能性を考えることは重要です。

本章末のコラムに詳しく書きましたが、私自身、希望して入った外務省での勤務は、外交政策や国益への意見が合わず、大変つらいものでした。一生涯、外務省の推進する外交政策（の一部）には合わないと思ったため、退職して次のキャリアを目指したのです。反対する人もいましたが、やはり自分のやりたいことにこだわるべきと考えました。

このように、**副業や転職、独立起業などの可能性は常に考えておくのがよい**と思います。自分の可能性を常に検討することで選択の幅が広がり、落ち込むことも少なくなります。最近は、ソフトバンク、ロート製薬など兼業を認める会社も増えてきました。生駒市役所などの自治体でも一定のルールの下で副業を認める動きがあるようです。

厳しい発言で大変に言いにくいことですが、これからの時代は、**同じ会社に長期的にいることで視野を狭められてしまうリスクにも配慮しないといけません。**ある戦略コンサルタント会社出身者は講演で、「これからは転職経験がないと経営者はもちろん管理職も難しい」と述べていました。私もまったく同意見です。

根本課題③

新規事業、海外事業に手を挙げる習慣

多様な職務経験が必要と言っても転職はできない、海外転職はハードルが高いという声も大きいでしょう。そのような場合、ぜひとも社内で新規事業、または海外事業のリーダーに手を挙げてもらいたいと思います。

当然ながら新規事業立案は簡単ではありません。単なるアイディアを事業計画まで持っていくのはとても大変です。しかし、本当の新規事業立ち上げの大変さはここからです。実際の製品・サービスの作り込み、販売チャネルの確保、人員の確保など多岐にわたることに対応しなければなりません。これらをリーダーとしてこなしていくことで、従来の延長線上ではない働き方につながります。

海外事業であれば、ワークスタイルを変えることにつながるでしょう。これまでお話ししてきたとおり、日本企業の働き方は世界的に見ても異質な点が多くあります。海外事業で多国籍の人々と一緒に仕事をすること、その中でリーダーとして実績を残すことで、間違いなくビジネスパーソンとして成長できます。海外事業に手を挙げる際には、海外勤務や海外転勤もぜひとも検討してみてください。というのも、次のようなメリットがあるからです。

第一に、人口減少が現実のものになり、かつ経済成長率が大きく鈍化している日本に比べ、海外では人口も増え経済成長率も高い場合が多いからです。一般論としては、**伸びる市場の方が自らを成長させるには適しています。**

第二に、語学や文化、商習慣などを習得することができるので、**3〜5年程度居住後に帰国した際にはビジネスパーソンとしての市場価値が上がり、日本国内での転職や起業が有利になります。**

第三に、海外には日本語や日本の商習慣を知る人材を雇用したい企業はたくさんあります。もちろん、英語や現地語の能力や、業界や職種に必要な能力経験は求められますが、意外に間口はあります。また、日本企業の現地法人への就職という方法もあります。ここは、処遇面をあまり気にしないのであればハードルは比較的低く、可能性は広がります。

海外への転職というと、海外企業や日本企業の現地法人がすぐに思い浮かびますが、その他にもいくつか候補があります。

第一は、国際機関やNGOなど世界の諸問題を解決するための組織です。外務省などが日本の若者を国連などに送り込むことを奨励する仕組みもあるので、ぜひとも検討してみてください。

第二は、若い人であれば**青年海外協力隊**です。現地に徹底的に溶け込み、かつ現地に貢献するという意味では大変に素晴らしい機会になることは間違いありません。グローバル化を強く推進する企業の中には、青年海外協力隊出身者を積極的に雇用しようとする例もあります。

根本課題②
会社に売上・利益を入れる「稼ぐ」感覚を重視する習慣

営業部門であれば自分の受注額が明確にわかり、そこから売上原価や販売管理費等を引いた額が利益になります。そのため比較的わかりやすいのですが、自分がどの程度会社の利益に貢献できているかわからない人は、根本課題②で述べたとおり、多いものです。

しかし、**経営企画や研究開発部門、間接部門でも、どの程度自分が利益に貢献しているかを知ることは大変に重要**です。経営企画で新規事業につながる提案をした場合、新規事業における営業利益の何パーセントが自分の貢献度であるかによって、概ねの利益がわかるでしょう。

間接部門であれば、いかにコスト削減に貢献できたかを指標にすることもできます。人事部門であれば、異動によって新たに配置された社員がどれだけ利益を出したかを一つの出発点にできるのです。可能な範囲でぜひとも時間売上・利益を計算して、それらの数値を意識してください。**働くというやや受動的な表現をやめて、稼ぐという主体的な表現を使う習慣**をぜひ身につけていただければ幸いです。言葉は行動を規定するからです。

根本課題③ イニシアティブをとって意見と根拠を言う習慣

日本人は会議で寡黙なことで有名ですが、私も18歳で初めて米国にホームステイした際は、授業で何も発言できませんでした。その後、エジプトでの2年間を経て英国のケンブリッジ大学留学時はある程度英語はできましたが、内容が深く速い議論についていくのは大変でした。英語でのミーティングや国際会議に慣れ、現在ではある国際会議で「発言量が多い」と注意を受けるほどになりましたが（苦笑）、そんな私が習慣づけているのは以下の点です。

第一に座る場所。極力一番前か目立つ場所に座ります。座る場所が後ろであったり端であったりすると発言がしにくくなります。

第二に極力最初に発言すること。議論が深まってくると、こんな発言をしてよいのかなとかえって躊躇してしまいます。最初に発言する内容を予め想定しておくとよいでしょう。

第三に、意見とその根拠も明確に述べること。世界ではより明確な根拠が求められます。データがあればデータ、データがなければ観察結果やヒアリング結果などを出します。３つ程度根拠を示すと効果的です。また、**仕事上の依頼や指示なども、根拠や目的を明確に述べることは大変に重要**です。日本的な曖昧な依頼や指示では動いてくれません。

第四に、ファシリテーター役を買って出ることです。ファシリテーターとは、会議の議論を活性化するとともに整理して、必要に応じて合意をとる進行役のことです。単なる司会よりも積極的な役割が求められます。たとえば、議論が硬直化した時などに、「少しホワイトボードを使って整理してみましょうか」と言って立ち上

目立つ場所に座る

最初に発言する

意見と根拠を述べる

ファシリテーター役

図12

がるのです。国際政治の現場でも、どの国が議長国になるかは会議の成果と密接に関係します。**世界の会議では主導権を握ったものが勝つのです。**

根本課題③

日常的にイニシアティブをとる習慣

日本人にありがちな「イニシアティブをとりたくない症候群」から脱出するにはどんな習慣が必要でしょうか。

第一に、そもそも論ですが、イニシアティブをとることを常に意識することです。これは意外と難しいのですが、毎朝自らに対して、今日はどんなイニシアティブを実践できるかを問いかけてみてください。このような問いかけは、自らの頭の中に残り、行動の変容に繋がっていく効果があります。

第二に、日常の小さなことでよいので意識的にイニシアティブをとることを実践することです。たとえば、社内会議で司会進行役を引き受ける、懇親会の幹事を引き受けるなどです。

第三に、イニシアティブをとって動くことで時間を自ら管理し、他人に侵食させないようにすることです。組織の一員である場合には、上司からの急な依頼などで難しいこともありますが、時間管理を他人に委ねない姿勢は極めて大事です。時間管理については常に自分から提案して、うまく折り合えない場合は調整するという先手方式でいきましょう。

ドイツでの勤務経験が長い隅田貫氏の『仕事の「生産性」はドイツ人に学べ』（KADOKAWA）によれば、**「忙しかったからできなかった」はドイツでは通用しない**とのこと。時間は自分が管理することが当たり前だからです。生産性が高いといわれるドイツ人の真骨頂です。

第四に、社内での地位が低く、組織上本格的なイニシアティブをとる場がない場合は、社外の何らかの活動で代替することです。その点でおすすめなのが、トーストマスターズクラブです。

トーストマスターズクラブとは、1924年、カリフォルニアのサンタアナにあるYMCAでスタートした非営利の教育団体です。会員が聴衆の前で最大限効果的に振舞えるよう、また世界的なリーダーになれるよう支援することが目的で、現在、世界に1万6400以上のクラブがあり、日本国内にも180を超えるクラブがあります。皆さんのお住まいの近くにもおそらくあるでしょう。

このトーストマスターズクラブでは、リーダーとして活躍するための仕組みが作り込まれています。毎年各クラブで役員（オフィサー）が選出・任命され、その役員としての活動を通じて、自らのリーダーシップが鍛えられるのです。役員の中でも会長、副会長になれば、多くのことを決断していかなくてはなりません。また、新しい会員が入るような魅力あるクラブにするために、会員のスピーチ力やリーダーシップを高めるために多くの手法を考え出して実践していかなくてはなりません。

役員は必ず1年で交代し、他の団体のように後継者がいないために何年も会長をするということはありません。年齢や性別、職業は一切関係なく、会員になって1、2年程度で役員を経験します。

20代の役員が50〜70代の会員をリードしている状況を目にすることがありますが、リーダーシップというのは本来的に年齢、性別、職業は関係ありません。**リーダーは一定の役割を与えられることで開発される**のです。都市部に偏ってはいますが、多くの都道府県にはトーストマスターズクラブがあるので、ぜひ探してみてください。

根本課題②

世界標準の決断の習慣

世界に通用する人材になるためには、スピードがある、瞬発力があるという点が重要です。時間利益を意識すると、やはりスピードが大切になるからです。瞬発力とは即座に決断する能力といってもよいでしょう。

人間には本来、「慣性の法則」があります。さらに、日本人には保守的な傾向があるといわれ、現状維持が目立ち、決断を避ける傾向があります。

以前、モンゴルに行った際に、日本のビジネスリーダー向けの研修を多数実施しているとモンゴル財界の有力者である経営者に伝えたところ、「ぜひ日本の経営者やビジネスリーダーに伝えてほしいことがある」と話を始めました。

日本人がモンゴルの地下資源などを視察して、「これは素晴らしい。当社としても投資を検討したい」と口では言っても、その後はなしのつぶてだという話でした。実際、その検討をしている間に他国企業がやってきて即断即決で決めてしまうため、日本企業は大きなロスをしているということでした。

日本企業は納期を守る点については世界最高レベルの水準にあるといわれています。しかし、決断については褒められるレベルには程遠いのが実情です。では、その決断力を高めるために、日常的な習慣として何をすればよいのでしょうか。

第一に、「決断力を高めよう」「即断即決即行を実践しよう」と心から思うことです。即断即決即行がないことで、巨大な機会損失をしているかもしれないということを意識することです。

第二に、ビジネスパーソンであれば、自分でできる範囲内で決断を継続することです。平社員であるとかは関係ありません。顧客訪問をいつすべきか、出張の日程をいつ入れるか、出張の際に取引先以外に入れるアポイントメントはないかなど、一般社員でも決断できることは多数あるはずです。また、名刺管理の方法や、相手に好印象を与える服装の選択など、自ら判断すべきことも多々あるはずです。

リーダー開発の分野では、判断力と決断力を分けて、資質を判断することがあります。判断力とは、さまざまな事象を基に、目的のために適切な決定をすることです。それに対して決断力は、判断した内容を実践することを適時に決定することです。実践と適時という点が判断力と異なる点、新たに加わった点なのです。ですから、判断力がある人材と決断力がある人材はかなり違います。

判断ができても、タイムリーに決断ができないと、結果に繋がりません。**頭のよ**

い人は判断力はあるかもしれませんが、決断力はまったく別物です。世界で今求められているのは、決断力のある人材なのです。

独立自営的な習慣

根本課題
①②③

21世紀は「**1億総自営の時代**」になると考えます。つまり、社会において独立した請負人の比重が増え、仮に企業に属していても自営できるくらいの能力がないと淘汰される時代になります。

そもそも雇用は、封建時代には武士など一部を除いてまれでした。本書の読者の3、4代前のご先祖様も、農業や商工業など自営業を営んでいた方が多かったのではないでしょうか。**雇用というのは、この100年あまりほどで一般化した働き方にすぎない**のです。

また、企業は激変する世界の中で、終身雇用はもとより長期的な安定雇用について大きなリスクを抱えるようになりました。定型的な職務はＩＴで代替されるようになり、非定型的でも創造性が不要な業務はＡＩに代替されるようになりました。結果として、雇用ではなく、請負が徐々に増えることになります。

請負とは、「請負人がある仕事を完成することを約し、注文者がその仕事の結果に対してその報酬を支払うことを内容とする契約」（民法６３２条）というように定義されています。時間単位で支払われるような仕事はどんどんＡＩに移行していく中で、仕事の結果に対して支払われる請負は、プロフェッショナルにぴったりの契約形態です。

優秀な人材は長期雇用の正社員でないと雇えないという声もあります。もちろん、業態・業種によってはそのようなケースのすべてを一切否定するわけではありません。しかし、今後の大きな流れとしては、雇用から請負（または請負と類似点の多い委任）に移っていくでしょう。そのような「１億総自営の時代」に、私たちはどんなことを実践すべきでしょうか。

第一に、**会社に頼らない習慣**です。これは、会社をすぐに辞めよとか、会社の業務を軽視せよという意味ではありません。何事も会社の責任にはしないということです。会社から給料をもらうのではなく、会社には大いに稼がせてあげている、会社には大いにお金を入れているという感覚を持つことが重要です。

また、個人事業主の経費ならまだ許されるでしょうが、会社の経費で落ちるといった言動もご法度です。このようなサラリーマン根性が会社も個人もダメにします。むしろ自腹でどんどん学ぶくらいでないといけません。

第二に、**一定の年齢になったら、会社には雇用契約でなく請負（または委任）契約を打診する**ことです。その方が他の会社とも契約ができて、仕事の質と量は上がるからです。

第三に、**血のにじむような自己投資を続ける**ことです。これは2章でも強調したことですが、上司や同僚が圧倒的に追いつけないくらいの専門性と広い視野を身につけるべきです。

そんなことができる時間がない、お金がないと言うかもしれません。しかし、**幕末や明治初期は書籍も海外の情報もない時代でした。しかし、志ある若者は書物を書写して、厠の中でもろうそくの火で勉強した**のです。図書館に行けば無料で多くの本が読め、インターネットで多くのことが検索できる時代です。お金がなくても勉強はできるのです。

根本課題② 海外も含めて自分の収入を多元化する習慣

働くというと労働の対価としての給料を想定しがちです。しかし実際には、稼ぐには執筆や講演、株など有価証券のキャピタルゲイン、不動産収入などいろいろな方法があります。ここでの趣旨は、投資でお金儲けをしようということではありません。しかし、世界に投資をすることは世界を知るための近道です。個人でも、手元資金がさほどなくても、米国など海外の株式投資は手軽にできます。海外の株式取得には、次のようなメリットがあります。

第一に、**海外企業に関心が向きます**。株主として株価が気にならないわけはないので、自ずと競合企業を含めた海外企業への関心が高まります。世界の諸問題に対しても意識が向くでしょう。次にどの企業の株を買おうかと検討することも大いに関心を高めることになります。

第二に、収入源が日本国内だけに閉じてしまうリスクを軽減できます。国内だけに資産をおくと、ハイパーインフレなど日本経済が大きな混乱に遭遇した際に収入が大きく減少するなどのリスクがあります。日本での事業で収益を上げる日本企業からの給与で生活している方は、このリスクを意識すべきです。

第三に、米国をはじめ海外の株は、長期的に見た場合、上昇しています。日本は2017年末時点で日経平均が2万円を超えたといっても、バブル時の約半分の価格です。それに対して米国株は、リーマンショックなどの一次的な落ち込みはありますが、5〜10年単位で見ると上昇しています。米国では株価上昇への株主の圧力が日本よりも大きいことも影響しています。

コラム

公務員と独立起業を経験して見えること

私は新卒で外務省に入り、公務員になりました。その後、紆余曲折を経て独立起業して現在に至ります。2つの立場を経験して改めて思うのは、安定と自由はトレードオフであるということです。

公務員は確かに安定しています。いまだにほとんどの職員に毎年の昇給があります。刑事事件でも起こさない限り、解雇もまずありません。しかし、公務員は実に不自由です。配属先や時間が自由にならないこともありますが、私が一番困ったのは政策面の違いです。

私は、安全保障の問題がない限り国の垣根は低くして、自由にヒトやモノが行き来したらよいという自由主義を推し進める考えを持っています。しかし外務省ではすべて国家ありき、国益ありきでした。

また、人権・人道問題が、国益の名のもとに軽視されていると思われることもありました。政策的に明らかに合わないだけでなく、自由に発言ができません。これには参りました。悶々とすることもありました。

一方で、独立起業は行動・発言のすべてが自由です。しかし、すべて自分で責任をとらないといけません。営業がうまくいかないと受注が減り、倒産して路頭に迷うことすらあり得ます。学生時代の友人との懇親会で、「来年は収益ゼロになるかもしれない、不安定な立場にある山中です」などと再会の挨拶をすることもしばしば。

独立するということは、徹底的にリスクをとって独自の強みを発揮していかないといけません。そのための情報収集、知識習得、コミュニティ作り、語学の勉強……と、日々自らの市場価値を高めるのに必死です。

「独立起業したい」という相談を受けることがよくありますが、その際の私の答えは次のような内容で、わりと厳しい回答をします。

・営業の経験があるか。もしないのであれば、販路を開拓してくれる代理人がいるか。
・とりあえず半年程度は回る資金があるか。
・これまでの経歴において、業界内または社内で一定の知名度があるなど評価を得ているか。

また、公務員は転職できない、起業できないといった意見もあるようですが、それはまったくの誤解です。公務員であっても、究極の危機感を持ち、血のにじむような努力で市場価値を上げていけば、転職も起業も絶対にうまくいくと思います。

安定と自由。いずれがよいかは人それぞれです。しかし、**時代の流れは独立自営に傾いている**と感じています。少なくとも私の場合は、独立した方が圧倒的に自分に合っていたと言えます。

第4の習慣

「コミュニティ」を変える

本章では、コミュニティを変えることにより、世界に通用する人材になるための習慣、方法論をお話しします。

今、一人の個人にいかに多様な経験、視点があるかが強く問われる時代です。日本では、「ダイバーシティ」というと女性の活躍が話題に挙がることが多いのですが、世界では民族、宗教、所得、階層、本業・専門分野など、他にも多くのダイバーシティの視点があります。性別の違いだけでなく、民族や言語の違いは、思考や価値観に大きな影響をもたらします。ですから、本業や専門分野とは異なる分野の人との付き合いも重要になるのです。

多様な経験や視点が一個人の中にあることを**イントラ・パーソナル・ダイバーシティ**（Intra Personal Diversity）と呼びます。このイントラ・パーソナル・ダイバーシティを実現するためには、コミュニティから多くの刺激を受ける必要があります。

根本課題
①

気の合う仲間か仕事上のコミュニティに閉じている

どんな人と飲みに行くかと聞くと、会社関係者以外には学生時代の友人という答えが返ってくることが多くあります。実際、学生時代の友人など気の合う仲間、もしくは仕事上のコミュニティの中に人間関係が閉じてしまっている人が多いのではないでしょうか。もちろん、学生時代の友人・知人と有意義な関係を築くことも大いにあり得ます。また、残業の多さ、そして大都市では通勤時間の長さがコミュニティを狭くする一因にもなっているでしょう。

しかし、仕事関係と気の合う仲間だけではコミュニティに広がりがなく、発想も狭くなってしまいます。プラスαが必要なのです。

根本課題②

日本人のコミュニティに閉じている

会議や食事会に外国人がいると、「何か特別なこと」ととらえてしまい、過度に緊張することがあります。**英語とその雰囲気にのまれてしまうという日本人も少なくありません。**

仕事上の仲間

気の合う仲間

＋αが必要

図13

残念ながら、**日本在住の外国人からは、「移民を受け入れないなど日本は外国人に対して閉じている」「日本人は外国人と交流したいとは思っていない」という声を聞くことがよくあります。**日本が島国であり、江戸時代の鎖国などで諸外国と隔絶されている期間が長くあったという点、そして日本語の言語的な難しさがこの隔絶を助長した面があります。

実際、会社の同僚に外国人がいない場合、外国人と会うのは観光客くらいという方も多いことでしょう。しかし、海外駐在の日本人も、日本人コミュニティに閉じていることも多いのが現実です。世界で活躍するには、このようなコミュニティ内に閉じている点を克服していくことが非常に重要です。

根本課題
③

コミュニティの外の人に不親切?

2020年の東京五輪の合言葉の一つは「おもてなし」ですが、本当におもてなしができているでしょうか。日本人は親切でホスピタリティにあふれていると思いがちですが、それはお金を払ってくれるお客さまや五輪のような大行事における訪問者に対してのみです。自分の属するコミュニティ以外の人には冷たく、実は不親切だという悪評もあります。

日本で寄付やボランティア活動が低調なのは、税制の問題や残業が多いワークスタイルにも原因がありますが、世界では自分の属するコミュニティ以外にも目を配るという視点があります。実際、シアトルのスターバックスはホームレスの人に無料で飲み物を配っているところもあります。

コミュニティ外の人に不親切であるというのは、挨拶にも表れています。日本人は知り合いであれば積極的に挨拶しますが、知らない人、つまりコミュニティ外に対しては急に無愛想になってしまいます。店員さんが挨拶しても、飛行機などで客室乗務員が乗り降りの際に挨拶しても、無視する日本人は多いのではないでしょうか。これは普通に考えても非常に失礼であることは誰にでもわかるはずです。

「仕事」「楽しむ」「切磋琢磨」の3種類のコミュニティをバランスして持つ習慣

根本課題①

働きだすと会社の同僚や取引先、顧客との付き合いの比重がどうしても高くなります。また、楽しかった、息抜きができたということもたまにはいいのですが、それだけであれば、成長が止まってしまっています。そこで本書では、**仕事上の仲間、共に楽しむ仲間、共に切磋琢磨する仲間のバランスをとる**ことをおすすめします。

「仕事上の仲間」とは、会社の同僚や顧客・取引先のことです。また、「共に楽しむ仲間」とは、学生時代の親しい友人や趣味などを共有する心から楽しめる気の置けない仲間のことです。そして、「共に切磋琢磨する仲間」とは、一緒に学んだり、仕事以外の活動を共にしたりする仲間です。

社会人大学院で一緒に学んだ友人や仕事上の仲間が、同時に切磋琢磨する関係になることもあるでしょう。学生時代の友人でも、共に成長していけるような切磋琢磨ができる関係もあると思います。仕事上の付き合いから切磋琢磨する関係に発展することもあり得ます。志を同じくして切磋琢磨する関係だった者同士が、一緒に

仕事上の仲間

共に楽しむ仲間

共に切磋琢磨する仲間

図 14

起業することもあるでしょう。

同じ人物が複数のカテゴリーに属することもあります。その意味では、3つのカテゴリーは重複することがあり得る関係です。この「仕事上」「共に楽しむ」「共に切磋琢磨する」の三者のバランスがとれていることが大事です。

根本課題① 「1対1」で切磋琢磨する関係を作る習慣

「共に切磋琢磨する」場は、コミュニティ自体であることもあります。私にとっては、稲盛和夫氏が主宰する経営者の勉強会である盛和塾、英語でスピーチを行うトーストマスターズクラブなどが切磋琢磨するコミュニティです。

コミュニティ、つまり集団であることももちろん大事ですが、1対1の関係も重要です。なぜなら、集団では集団としての問題意識に重点があるので、個別の問題意識や成長に焦点が当たりにくいからです。学生時代の友人、仕事関係や勉強会などで知り合った友人・知人の中から、1対1で会う友人を意図的に作ることが大事です。

1対1で切磋琢磨する関係の基準は、互いが成長し合えるかということです。1年に最低数回は直接会い、一般的な近況の他、お互いのビジョンや目標、そのための方策について話し合い、互いに助言し合います。

人材開発の分野では、1対1のコーチング面接の重要性が強く認識されています。**日本では個人がコーチをつける習慣はあまり浸透していませんが、世界の一流エグゼクティブは、個人としてコーチングを受けています。**切磋琢磨する関係から1対1のコーチングのような関係を作ることができれば、大きく飛躍できる契機になるはずです。

コミュニティ内で肩書抜きでフランクに付き合う習慣

根本課題①②

あなたは自己紹介をする際、「○○商事の田中です」と社名から名乗っていないでしょうか。日本では、肩書や年齢から自らの立場との上下関係を推測しがちです。

また、学歴や性別、国籍といった属性についても必要以上の配慮が払われがちです。

異文化理解の分野で世界的に評価の高い研究者であるエリン・メイヤー氏が書いた『異文化理解力』（英治出版）によれば、日本は韓国やナイジェリアと並んで、世界で最も「肩書が重要で序列に基づいてコミュニケーションが行われる」社会となっています。

実際、会社などでは「さん」づけではなく、「○○部長」などと肩書で呼ぶことが多いのではないでしょうか。社名・地位・学歴・性別など属性で判断すると、上下関係を意識せざるを得ず、フランクな関係を築くことが難しくなります。また、属性にこだわるコミュニティで上下関係を意識しすぎると、自由な発言ができない恐れがあります。**丁寧で礼儀正しいことはよいことですが、コミュニティを活性化させるにはフランクであることも重要な要素**です。

Doctor や Sir などの称号を好む人もいるので、ファーストネームで呼ぶかどうかは状況によりますが、欧米では上司であってもファーストネームで呼ぶのが一般的です。

従来の価値観や序列が変わり、若者、バカ者、よそ者が活躍する激動の時代です。イノベーションを起こすためにも、上下関係なく活発な議論が重要です。誰に対しても敬意を持って接することは当然ですが、肩書・立場・年齢などの属性にこだわることなく評価する習慣を持ちたいものです。

ちなみに、日本人はお辞儀をしますが、そのお辞儀が上下関係と相まって丁寧すぎてしまい、フランクな関係を作るのが難しいという印象を与えることもあるようです。

根本課題① 会社を利用しつつ、独自のコミュニティを作る習慣

転職が当たり前になる時代では、仕事上で知り合って緩やかに繋がるコミュニティや、仕事とプライベートの中間的なコミュニティも重要になります。たとえば、次のような可能性のある仲間とのコミュニティです。

・新たなビジネスのネタを探す
・お互いビジネスパートナーになる
・社内ではわからない情報を交換する

・たまに遊ぶ

知り合うきっかけは会社の同僚や取引先など仕事関係であることも多いでしょう。しかし、それが単に仕事だけではない関係に変化していきます。一定年度が過ぎると「卒業（退職）」することが多いコンサルティング業界の場合、卒業後は仕事とプライベートの中間的な友人関係になることがよくあります。

外国人を含む元同僚は、セミナーで何度か会ったことがある人よりも人となりがよくわかるので、信頼関係も生じやすいものです。**退職したらもう関係が終わりというのは過去の話。これからは退職したらお友達として付き合っていきましょう。**

最近は名刺管理も会社の仕組みを使わずに個人で管理システムを購入し、私用する人が多くなっています。それは会社を辞めても続く仕事とプライベートの中間的な関係が増えているからです。これからは**会社を利用しつつ、自分独自のコミュニティを作る習慣**が重要になるのです。

ソーシャルネットワークで世界にコミュニティを広げる習慣

根本課題①②

元同僚との関係を維持し、拡大するには、フェイスブックやリンクトインなどのソーシャルネットワークがとても役立ちます。フェイスブックのおかげで元同僚との関係が継続している人は多いのではないでしょうか。

日本ではフェイスブックはよく活用されていますが、リンクトインはどうでしょうか。リンクトインは、専門的な議論の他、転職や仕事の受託を視野に入れたプロフェッショナル向けソーシャルネットワークです。私も転職に関する照会がリンクトイン経由であったことがありますし、リンクトインがきっかけで海外企業から受注したこともあります。

世界のリーダーには、フェイスブックはあくまでプライベートで、人脈を拡大するにはリンクトインが適切と考えている人が多くいます。**私も海外の会議で知り合った人に「今後、リンクトインでご一緒できますか」と聞くことがよくあります。**相手の了解をとった上でリクエストします。

リンクトインでは、プロとしての専門分野ごとに多くのコミュニティがあります。これらに属して積極的に発言すると、世界標準の議論に参加できます。フェイスブックのように頻繁に更新したり、「いいね！」を押したりする必要はありません。日本やプライベートではフェイスブック、海外、そして仕事ではリンクトインを活用して、コミュニティを広げる習慣をぜひとも身につけてください。

マイノリティに偏見を持たずに接する習慣

根本課題
①②③

自分には差別や偏見はないという方が大半だと思います。しかし、「○○会社の人だから」「△△大学卒だから」といった発言も偏見です。私を含めて言語、民族、宗教が違う人々に対して偏見がまったくないとは言いきれません。今や、**ソーシャルネットワークなどで人種差別的発言をすると解雇される時代です。自らを守るためにもマイノリティ問題をきちんと理解しておくことは重要**です。では、偏見を減らしていくには何が必要なのでしょうか。

第一に、さまざまな言語、民族、宗教などの実情を極力多様な視点から学ぶことです。これは2章でもすでに述べましたが、「多くの偏見は無知から生じる」のです。まずは無知をなくすことが重要です。

第二に、マイノリティに属する人など、自分とは異なる立場に身を置いて徹底的に考え、感じることです。「差別されている人種の立場であればどう感じるか」「○○国の少数民族であればどう反応するか」と真剣に考えることです。

奴隷解放後150年以上が経ち、アフリカ系大統領が誕生しても、残念ながら人種差別は米国で根絶されていません。たとえば、米国で黒人に危害を加える白人至上主義者の集団クー・クラックス・クランが襲ってきたときの恐怖は、人種・民族的同質性の高い日本では理解しづらいテーマです。

「大統領の執事の涙」という映画はホワイトハウスの執事として大統領に仕えた黒人の一生を描いた作品で、実話を基にしています。人種差別などを題材にしたこのような優れた映画を通して、アフリカ系アメリカ人の立場であればどう感じるかなどについて、徹底的に考えてみてほしいのです。

第三に、どんな人間でも、自分とは異なる人間に対しては違和感を抱くものです。この点は仕方のないことです。大切なのは、その点を認めた上で、対応策を考えることです。きれい事では決して終わらないことに留意し、目をそらさないことです。

「日本人が差別されている」と過剰反応しない習慣

根本課題
①②

研修や講演でよく質問があるのは、白人社会で黄色人種である日本人が受け入れられない、どうしたらよいかというものです。マスメディアなどで議論されることは少ないようですが、白人社会で日本人は差別されていると感じている日本人も多く、日本人ビジネスパーソンの中で実は関心の高いテーマです。

これはある意味、過剰反応だと私は思っています。ですから私の回答は、「気にしても仕方ないので気にしない」というものです。

確かに、人間の心の根底には、差別や偏見がゼロではありません。しかし、少なくとも20世紀後半以降、人類は人種による差別や偏見をなくすべく多大な努力をしてきました。理想主義的といわれても、私はこの人類の努力の方向性に賭けたいと思っています。

人種差別問題についての議論で思い出されるのが、米国ワシントンＤＣの戦略国際問題研究所（ＣＳＩＳ）で、同じグローバルリーダー育成のプログラムに参加していたネルソン・マンデラ氏の孫娘の方と話し合った経験です。その際、南アフリカのアパルトヘイト（人種隔離政策）への反対運動によりマンデラ氏が政治犯として服役していたころ、マンデラ家が監視下に置かれるなど極めて大変な状況にあった話をいろいろ聞かせてくれました。その彼女が、「世界では今も問題が山積している。しかし米国でも黒人大統領が誕生した。人類の可能性を信じたい」と言っていたことが強く印象に残っています。私もよい方向を信じて行動していくしかないと思っています。

さて、具体的な処方箋は2つあると思います。まず、小さなことは単なる誤解として受け流すことです。レストランで希望したのと違う席に案内されたなどは、小さなことです。気にしていてはきりがありません。その一方で、たとえば外見を揶揄する発言、日本人は劣っているなど本当に差別的な発言を受けた場合は厳重に抗議をすることです。

「自分が差別されている」と過剰に反応するとコミュニティに入りづらくなります。しかし、差別的発言を許容してはいけません。

自分と違う人とも極力付き合う習慣

根本課題①②③

自分と違っている人とはどんな人でしょうか。まず、言語や文化の違う外国人は自分との違いはありそうです。外国人を除くと、他にはどのような人がいるでしょうか。30代の頃、私は2つほど思い当たりました。一つは芸能界の人。自ら磨いた芸で生きている人は大変に魅力的に感じました。この点は落語を習うことに繋がりました。

もう一つは、ホームレスの人々です。私は英国滞在時からホームレスの支援をしていました。「なんとかしてホームレスの人たちの役に立ちたい」と考えた結果、2006年から神戸のNPOでホームレスの方々を支援するボランティアを再開しました。夜に繁華街の夜回りをして、炊き出しなども行います。同じ人に何度も会うことがあります。

ホームレスの方々は、仕事がない、収入がない（少ない）、健康が害されている、アルコール依存症である、家庭が崩壊しているなど多くの問題を抱えています。これらの問題解決にわずかでも寄与する思いが重要です。彼らから学ぶべきことは非常に多いと感じています。

たとえば、支援をする前は生活保護のことをよく知らないからホームレスになったのであり、市役所が生活保護で十分に支援すれば問題の大半は解決すると考えていました。しかし、この問題はそれほど単純ではありませんでした。多くは役所の生活保護のことは知っています。しかし、生活保護を受けたくないか、受けたくても役所に行くことがメンタル面で不可能かのいずれかです。後者は、ボランティアが十分に支援すれば生活保護の支給を受けることが可能であることも多いのですが、問題は前者です。すなわち、生活保護自体を受けたくないという場合です。

その理由はさまざまですが、自分の過去の経歴や資産を開示したくないことから、役所との関わり合いを避ける場合が多いのです。生活保護を受けるためには扶助義務のある親族に扶助する能力がないことを証明する必要があります。その点を詮索されるのが嫌なのです。多くは何らかの理由で親族とは連絡が取れない人々です。ですから親族への連絡というだけで避ける人が多いのです。

前置きが長くなりましたが、このような実情は実際にホームレスの人々と関わる中でわかってきたことです。同じコミュニティに属する仲間と付き合う比重を下げてでも、自分と違う人と極力付き合ってみることは大変に重要です。

根本課題②

外国人が多数参加する会合に参加する習慣

日本には、企業駐在員や留学生、英語教師など多数の外国人が住んでいます。よほどの山間地などを除き、外国人が住んでいるはずです。そして、彼らの多くが日本人との交流を求めています。外国に住んだ経験のある方ならおわかりのとおり、外国に外国人として住むのは孤独です。現地のネットワークには、言語、文化の壁があり、なかなか入り込むことはできません。私自身、エジプト、英国、サウジアラビアに居住しました。アラビア語、英語はある程度できたのですが、それでも現地社会に溶け込むのは相当大変なことでした。

日本在住の外国人は日本社会から孤立していると感じていることが多いので、交流の場を積極的に作ることでコミュニティの構築につながりやすいのです。

第一に、近所に外国の人がいれば、日常的に親切にして地元の自治会などのコミュニティに参加しやすくしてあげることです。外国で現地の人に親切にしてもらうことほどありがたいことはありません。道で会ったら、天気の話や「どこから来たのか」などでいいのでとりあえず声かけをしてみてください。そして、相手が何か困っていたら、ぜひとも対応をしてもらえたらと思います。

第二に、自治体の国際交流団体に照会して、交流行事に参加することです。大半の自治体に国際交流団体があり、イベントを開催しています。近くに大学があれば、大学の留学生支援のためのイベントに参加してもよいでしょう。

第三に、自宅に空き部屋があれば、Airbnb など民泊を活用して、外国人観光客を宿泊させてあげることです。もちろん、民泊でなくても、留学生を数日でもホームステイさせてあげることで交流は大いに深まります。我が家にも留学生に宿泊してもらったことがありましたが、素晴らしい交流の時間となりました。

外国人との交流は、意識しないとどんどん遠のいてしまいます。外国人が参加するコミュニティにも足を運んだり、彼らにコミュニティに入ってもらうことです。もし、日本語ができない（または流暢でない）外国人と付き合うことを苦痛と感じているのなら、逆にそのような苦痛の感情を彼らに感じさせている可能性があることも認識しなくてはいけません。

外国人を招待するホームパーティーを企画する習慣

根本課題②

外国人との付き合いで、可能であれば取り入れたいのは、自宅での食事会、ホームパーティーです。富裕層や一部の政治家は自宅に多くの人を招きますが、一般的に**日本では自宅にお客を呼ばない文化があります**。自宅が小さい、夫婦単位での社交に慣れていない、お手伝いさんがいない、などいろいろな理由がありますが、これは世界的にはまれです。

しかし今、日本の経営者も最近はシリコンバレーなどに第二の自宅を持つ人が増え、地元の経営者などを招待して新たなコミュニティが形成されています。なぜ、世界ではホームパーティーが重要なのでしょうか。

第一に、自宅の方がお互いの親密さを感じ取ることができるからです。高級店よりも自宅の方が関係構築にはプラスになります。

第二に、家族ぐるみで知り合いになれるからです。ホームパーティーであれば、一般的には既婚者であれば夫婦でもてなします。家族も含めて知っていることは、関係構築の点からは大きなプラスであることは言うまでもありません。

第三に、自己開示につながることです。深い関係構築のためには互いの自己開示が必要です。自宅でのパーティーは、「こんな家に住んでいるのだな。意外と○○だな」といった感想を与えます。これが自己開示に繋がるのです。

第四に、これは経営者や政治家の場合ですが、第三者の目に触れにくいことです。レストランでは、個室を予約しても第三者の目に触れます。出入りの際には別の客や一般の通行人の目に触れてしまいます。その点、自宅であれば、新聞記者が常に張りついていない限りは目に触れることはありません。内密の話であれば、自宅が一番秘密が漏れにくいのです。

それでは、ホームパーティーを開催する場合には、どんな点に留意することが大事でしょうか。

第一に、食事はあまり豪華なものを用意する必要はありませんが、宗教や信条、体質などの理由で相手が食べられないものについては配慮すべきです。日本人は菜食主義者が少なく、また宗教上の理由で食べられない食品も多くはありませんが、イスラム教徒の豚肉、ヒンドゥー教徒の牛肉など、食事上の制限については配慮します。

第二に、知らない人同士がいる場合は、主催者が参加者を紹介すべきです。ホテルでの大規模なパーティーなど主催者が労力を割けない場合もありますが、自宅であれば主催者が全員を紹介するといった配慮もすべきです。

第三に、目的に合わせて話題を選ぶことです。食事の目的が親交を深めるためであれば、相手の趣味や嗜好に合わせた話題を持ってくることが理想です。相手の趣味や嗜好、関心事項を事前に調べておくのも重要です。しかし、ビジネス上の打ち合わせを兼ねたワーキングディナーであれば、近況確認など冒頭のスモールトークを除いてすぐに本題に入ってもよいでしょう。

友人・知人には親愛の情を身体で示す習慣

根本課題
①②③

以前、ブラジル人と話をしていたら、「日本人は私たちとハグをしないので、人種差別かと思った」と言われたことがあります。親日家だったので冗談も混じっていたのですが、国によってはハグをしないことで「日本人は冷たい」と思われているのは事実です。

国名	特徴
メキシコ	相手にかなり近づいて話をする。ついー歩下がりたくなるが、ぐっとこらえて踏みとどまろう。
イタリア	「手で話す」と言われるほど身ぶり手ぶりをよく使う。実に愛情豊かで、悪気は一切ない。
ニュージーランド	静かに話し、大きな声で話す人には不快感を示す。
シンガポール	握手を除いて、人前では異性が体を触れ合うことはない。
ウクライナ	相手との間に腕を伸ばしたくらいの距離をとる。

（出典）『世界比較文化事典』

図 15

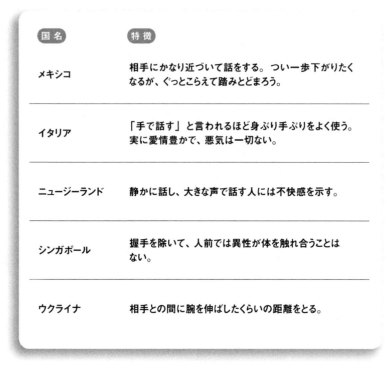

笑顔、握手はもちろん、ハグなどは国による文化的な違いはありますが、日本人は笑顔や身体的な接触が苦手です。笑っていても、はにかみ笑いや苦しい時の苦笑いなど、世界では理解されない笑いもあります。しかし世界では、コミュニティ内の友人・知人には思い切り身体で親愛の情を示すことが多いのです。

とはいえ、「セクハラに間違えられるので女性とハグはできない」との声もよく聞きます。そんな方には身体的接触やジェスチャーについて、『世界比較文化事典』(マクミランランゲージハウス)が役に立つので参考にしてみてください。

根本課題③

知らない人にも笑顔で話しかける習慣

「笑顔は1ドルの元手もいらないが、100万ドルの価値を生み出す」というデール・カーネギーの有名な言葉があります。日本人は、タレントや接客業の方を除き、笑顔を意識するということが少ないせいか、世界では評判が悪いということもお伝えしなければなりません。

日本語は腹話術のように口をつぐんでいても音を出すことができるため、話をしていてもぶすっとしている印象を与えやすいという言語学的な理由もありますが、この点は大いに意識すべき点です。

私が実践しているのは、まず挨拶です。顧客や知人に対して自分から挨拶することは当然として、ホテルやレストランの従業員の人にもすすんで挨拶をするようにしています。また、何かしてもらった場合には必ずお礼を言います。

次に笑顔です。自宅でもホテルでも、朝に必ず鏡を見て笑顔を作るようにしています。本業の研修のある日は、ホテルの部屋で特に綿密に笑顔を作ります。また、頬の筋肉を柔らかくするために頬をマッサージするほか、常に顔の表情を意識するようにしています。

常に鏡を見ることはできませんが、鏡を見なくてもどんな表情であるかを意識することはできます。私はよく写真を撮って自分の顔の表情をチェックしますが、それでも硬いこともあります。

その際におすすめしたいのは、ビデオ撮影です（そこまでやるかと思われるでしょうが、スピーチの練習を兼ねてやります）。

写真と異なり動画なので、自分の弱みがもっとわかります。私は英語のスピーチをよくしますが、それをビデオ撮影すると自分の表情がいかに硬いかがわかることも多く、反省しきりです。英語など外国語を話す際はどうしても緊張してしまいます。緊張と顔の硬化は直結するので注意が必要です。

また、**日常的によく笑うことが重要**です。私の趣味は落語で、自分でも演じているのですが、聞くことも頻繁にあります。その際には心から笑い、椅子から転げ落ちるくらいに笑っていることもよくあります。

知らない人への対応はまずは挨拶、そして笑顔です。日常的に意識することで挨拶や笑顔はすぐに改善できるということも覚えておきましょう。

四国お遍路に学ぶ——コミュニティ外の人に奉仕する習慣

根本課題③

私は四国お遍路をしています。弘法大師空海ゆかりの四国にある88か所のお寺（札所）を順番にお参りする四国お遍路は、徳島県から始まり、高知県、愛媛県、香川県の順番に回るのが順打ち、逆に香川県から愛媛県、高知県、徳島県と回るのは逆打ちといわれます。私は2013年秋に徳島県から回りはじめ、本原稿を執筆中の2017年11月に88か所すべてを回り終えました（すべて回りきることを結願《けちがん》といいます）。

四国遍路を始めたきっかけは、高野山大学で弘法大師空海の思想をはじめとした仏教思想について学んだことでした。空海の思想を本格的に体感したいと思ったのです。札所から札所は10キロ以上離れていることも多く、山道も多かったのですが、極力歩くようにしました。兵庫県の自宅から目的の札所までは電車かバスで移動して、札所から札所は原則歩きというパターンを繰り返しました。笠に白衣、金剛杖という完全に近い装いです。

「札所から札所に至る道には多くのお遍路さんが歩いているのだろう」と思われるかもしれませんが、前にも後ろにもほとんどお遍路らしき人はおらず、遍路としては私のみが歩いていることがほとんどでした。圧倒的多数のお遍路さんは現在、自家用車かバスで移動しているからです。

21世紀の今日、歩き遍路（歩いて遍路をする人）は稀少です。しかし、歩き遍路には大変に素晴らしい機会が待っています。地元の人から多くのものを施して頂けるのです。「お遍路さーん」と急に大声で呼びかけられることもあります。

私も、お茶やみかん、お菓子、小さな仏像、さらにはお金まで、さまざまなものを施してもらいました。街を歩いていてお金をもらうなんて通常は考えられず、驚きです（お金は全額、次の札所で頂いた相手の方の幸福をお祈りして、お賽銭として入れました）。

これだけ便利な世の中になっても、札所から札所の間には、コンビニはもちろん自動販売機すらないような場所も多くあります。心底喉が渇くこともあり、農家の方から頂いたみかんのおいしさは忘れられません。これは、古くから伝わるお接待と呼ばれる習慣です。

四国遍路では、お遍路さんをまさに接待することが奨励されています。これは仏教的な意味では布施に当たり、お接待をしてもらったら、もらった相手にお札（お遍路はお札と呼ばれる紙を持ち歩き札所で自分の願いなどを書いて入れる）を渡して感謝を示します。このお接待は、接待する方に、お布施をする機会を与えます。同時に接待されるお遍路さんに対しては、見知らぬ人から施しを受ける機会を与えてくれるのです。

四国のお遍路は、見知らぬ人同士が、お接待という行為を通じてつながる貴重な場であると言えるでしょう。お接待は形を変えた寄付のようなものです。**知らない人に寄付する、何か手助けをする習慣は、コミュニティ外の人への奉仕を意味します。**四国お遍路からお接待を学び、実践することは、コミュニティ外への貢献を実践する素晴らしい経験だと思います。

コラム

学際的・国際的な最高のコミュニティ、ケンブリッジ大学

私が幅広い教養が必要であると心底痛感したのは、20代半ばで留学させてもらった英ケンブリッジ大学においてでした。その背景には、極めて学際的で国際的な同大学の学風があります。

ケンブリッジ大学では、学生はカレッジと呼ばれる学寮に所属することになります。学部が学びの場であるとすると、学寮はいわば生活の拠点。毎日の食事やティータイム、フォーマルディナー、パーティーなどを共に過ごすのです。月に一度程度、ガウンを着たフォーマルディナーがありました。このフォーマルディナーでは、他のカレッジや学外から友人・知人を招待することが多く、まさに社交を広げる格好の場でした。

また、年に一度のケンブリッジ名物のメイボール（May Ball）では、タキシードやイブニングドレスで着飾り、夜通し食べて語って踊るのが習わし

です。夜明けにカレッジの全員で写真を撮ることが恒例になっています。年に1回の重要な社交の場です。

私がケンブリッジ大学で属したカレッジは大学院生ばかりであったため、英国人の割合は少なく、世界各国から集まっていました。英国をはじめとした欧州だけでなく、南北アメリカ、アジア、アフリカなど。まさに世界がそこにありました。そして学生たちの専門分野は、工学、天文学、医学、獣医学、文学、政治、経済など多種多様。**ケンブリッジ大学がノーベル賞受賞者を多く輩出している理由の一つは、この学際性と国際性**だと思います。

毎日の夕食を含む社交の場では、さまざまな人と会話をすべく極力いろいろな人の隣に座るようにしました。

「ご自身の天文学の研究で一番大変なことはどんなことですか?」

「17~18世紀の英国文学がその後の英国に与えた影響は?」

「アルゼンチンの医療制度の課題は何ですか?」

「ブルキナファソではどんな産業が盛んですか? 経済発展に重要なことは?」

世界のすべての地域のすべての事象が話題に上る。これがケンブリッジ大学の夕食会です。自らの無知と話題の狭さを痛感しました。この時が自分の知らない分野についても知識をつけ、見識を持つように努力を始めた契機であり、世界のすべての国について通暁するように知識の穴をつぶしていきました。

そもそも**どんなに小さな国でも、「その国はどこにあるのですか？」という質問は極めて失礼**です。その瞬間にコミュニティは一気に崩れてしまいます。ですから、多くの国に関する本を大量に買い揃えました。さまざまな分野の学生と語り合ったことが火をつけてくれたのです。

ケンブリッジ大学の学生は決して「頭でっかち」ではありません。スポーツも盛んで、私のカレッジにもオリンピック出場経験者が何人もいました。また、ボランティア活動も盛んです。私も地域のホームレス支援のボランティアに参加しました。ボランティア活動を通じて、貧困に苦しむ多くの英国人とも会話を交わしました。英国の一つの断面を見たように思います。この時の経験から、ホームレス支援ボランティアは帰国後も継続しています。

学際的かつ国際的、さらにボランティアなど社会的活動に積極的な学生が多いケンブリッジ大学は、まさに最高のコミュニティでした。

第5の習慣

「オフ」を変える

世界で一流とされる人々のディナーでの話題は、主に3つあります。**第一は、本業や専門に関する話です。第二は、文化や芸術に関する話。そして第三は、社会のさまざまな事象に対する各自の見識に関する話です。**これらの話題に面白いエピソードやジョークが加わり、品格と知性のある会話が繰り広げられます。

オフの過ごし方が苦手な日本人は、二番目の文化・芸術、三番目の見識に関する話があまり得意ではありません。オフの過ごし方は、美術や音楽の鑑賞、観劇、旅行など、人間としての幅の広さにも繋がるのです。では、そもそも「オフ」とはなんでしょうか。

オフとは、仕事など本業以外の時間のことで、週末や長期休暇だけでなく、平日の仕事の前後の時間も含みます。日本では疲れを感じている人が周囲にもたくさんいると思いますが、これはオフでの休息が十分に取れていないことが原因です。世界の第一線で活躍するビジネスパーソンで日常的に疲れている人はあまりお目にかかりませんが、日本では仕事が中心でオフは二の次という風潮があります。

しかし、これでは世界のリーダーとのディナーで話題に事欠くだけでなく、本業に関する会話が精一杯で疲れている姿を見せてしまうことになります。本章では、世界に通用する人材になるためにオフの現状を打破する習慣、方法論についてお話しします。

根本課題
①

オンばかり重視し過ぎてオフが軽視されている

本を読みながら薪を運ぶ二宮尊徳の銅像、「蛍の光・窓の雪」、「石の上にも三年」など、日本人は「一生懸命に汗水たらして働く」といった言葉やレトリックが好きです。私も、もちろん好きです。

身分制の時代に庶民から努力一つで幕府に助言する立場になった二宮尊徳は、私が最も尊敬する歴史上の人物の1人です。この日本人の勤勉さが、日本を経済大国にのし上げた要因の一つであることに異論はありません。しかし、過度な仕事中心主義は世界では異様です。

あるビジネスセミナーで、「日本人の勤勉に働こうというメッセージは、残業などを連想させるため伝わりにくい」との指摘がありました。『世界28ヶ国　有給休暇・国際比較調査２０１６』（エクスペディア）によると、有給休暇消化率は日本が調査対象28か国の中で最も低く、有給休暇取得に罪悪感を感じる人の割合も59％

と非常に高い数字になっています。

世界では、一般社員は勤務時間が終わると帰宅して家族と過ごすことが当たり前です。会社のためにオフを犠牲にするという感覚はありません。いま、世界的にもオフを軽視しないことが求められています。

根本課題②

疲れを感じている人が多い

「あなたは疲れていますか」との質問に、日本では半分以上の方がYesと回答します。実際、大阪産業創造館による20歳以上の1032人を対象にした東京都・愛知県・大阪府での調査では、疲労を感じる人の割合は約4分の3（74・8％）に達していました。疲労を感じない人（約8％）の実に9倍以上でした。専門家によれば、欧米諸国での類似調査では疲労を感じる人は2割程度といわれることからも、日本人がいかに疲れているかがわかります。

グローバル化が進み、さまざまな文化背景の人々とともに成果を上げ、多くの情報を収集して学び続けるためには、疲れていては勝負になりません。これではコミュニティの構築にも悪影響が出てしまいます。
また、疲れは一時的な現象でなく、慢性的な場合もあり、病気にも繋がります。疲労による国民経済的な損失は1兆円以上との試算もあります。**日本は経済大国であるとともに疲労大国でもあるのです。**世界で通用するためには、いまこそオフを十分に活用し、疲労から回復することが大事です。

根本課題 ③

充実したオフになっていない

疲れているので休みがほしいという人は周囲にも多いと思います。しかし、その休み（オフ）の使い方となるとどうでしょうか。各種調査によると、日本人はオフでは睡眠を重視する傾向がある一方で、スポーツや芸術などの活動には受身の傾向があることがわかっています。つまり、オフで何かをしたいというよりも、とにかく休みたいという人の比率が高いのです。

では、充実したオフとはなんでしょうか。それは**本業への刺激**があることです。

個人的な旅行がビジネスのネタにつながることは大いにあります。建築や都市開発を仕事にしている人が海外で建築物や都市を見て相当に刺激を受けたとか、新たなものを生み出す芸術というものの意義がわかったというような話をよく聞きます。ビジネスとは独自性を必要とするものですが、芸術こそ独自性を求める最たるものとは多くの芸術家が指摘しているとおりです。

また、オフとは本業以外での楽しみや充足感を得るためのものでもあります。私たちは仕事で自己実現を求めますが、実はそれだけでは満足できません。地元の少年サッカーチームの監督でも、フルートの演奏でも、趣味で絵を描くことでもよいのです。何か楽しみ、充足感を得る活動が必要です。

海外出張で会議の後の夕食会が辛いと感じている人が少なくありません。もちろん外国語での食事会が苦痛ということもあるようですが、そもそも話題に困るというのが本音のようです。会話の中心が仕事ばかりでは誰もが疲れてしまいます。話題を豊富にするためにもオフの充実が欠かせません。

オフの過ごし方で近年、社会的課題になっているのが、引退後の過ごし方です。これは特に男性に言えるようです。国立社会保障・人口問題研究所の『生活と支え合いに関する調査』では、「会話頻度が2週間に1回以下」という男性が年代を問

休息して疲れをとる

本業への刺激

楽しみ・充足感

図 16

わず女性よりも多く、60歳以降では激増しています。

このような孤立や社会との断絶、人とのコミュニケーション不足は心身の健康を害する可能性を高め、ひいては社会的費用も上がってしまいます。日本人ビジネスパーソンのオフの問題はもはや単なる個人の問題ではなく、社会全体の問題でもあるのです。

根本課題① オフの予定をまず入れる習慣

オフをポジティブにとらえるマインドを持つ習慣は大変に重要です。特に古いタイプの日本人ビジネスパーソンの中には、「この忙しいのに休暇なんてとんでもない」「働くことが善、オフはおまけ」と考えている人が多く存在しています。まずはオフの予定を入れる習慣をつけるべきです。そうすることでオフをポジティブにとらえることもできるようになります。

また、**スケジュール管理については、オフとオンを一体化**すべきです。出張時の夜が空いている場合、その地に在住の友人・知人に会うことはよくあることです。そもそもスケジュール表を一体化させておかないと調整ができなくなります。週末に仕事の予定が入り、子供の学校行事と重なったというような事態を招かないためです。

また、オフの予定は、極力前倒しで立てましょう。「このコンサートに行きたいけど、まだその時期の日程がわからない」と思い、直前まで日程の確定を待っていると、満席になって行けなくなるという経験はよくあるのではないでしょうか。**日程を早期確定することによって何かを失うリスクと、日程の確定を遅らせることの結果によるリスクを比較した場合、後者のリスクの方が大きい**のです。旅行などでも、「もっと早くに予約を入れておけばよかった」という経験は誰にでもあるはずです。

経営コンサルタントの大前研一氏は、年間の休暇を含めた予定を事前に詳細に立てるそうです。高い付加価値を出す人は、日程確保を重視しています。確かに休暇は同僚との調整が必要なので無視できません。また、緊急時や顧客からの引き合いに対処することも必要です。言うまでもなく自然災害への対応など緊急時はやむをえません。しかし、同僚との調整は早めに始めることで対応でき、顧客への対応はアポイントメントを次週にずらすこともできます。

超多忙といわれる世界のリーダーでも、多くの場合はプライベートの時間を大切にしています。プライベートの予定はあえて入れないと、なかなか取れないものです。だからこそ、オフの予定をまずは入れる習慣が大事なのです。

根本課題①
年、月、週、日のそれぞれに楽しみを入れる習慣

オフを考える際には、年、月、週、日のレベルで楽しみを入れることが重要です。人は楽しみがあるからこそ辛いことも頑張れるのです。集中と緩和をうまくバランスさせるためにも、年、月、週、日単位で楽しみを入れてください。

年単位では、１週間以上の海外旅行や長期休暇、数か月先のコンサートなどをまず考えます。オフに影響を与える長期の出張なども、可能であれば年計画で日程を確認しておきたいところです。

月単位で考えるのは、お正月、スキー、花見、ゴールデンウィーク、夏の海や山、帰省、紅葉狩り……など。日本は四季の楽しみが盛りだくさんであるだけでなく、

月ごと、季節ごとに楽しみ方が違います。小さいお子さんがおられる場合は、「来月は運動会があるからその日は確保しておかないと」「文化祭の発表だけは見に行こう」など、お子さんの学校行事を事前に確認することも重要です。

そして週単位のオフ。週単位では、週に1日はオフ中心の日を作るように心がけましょう。私の場合、週末も仕事をしていることが頻繁にあります。自営業なので休みは特に決まっておらず、アポイントメントが入っていない時に休暇を入れています（余談ですが、自営業は「上司からのやらされ感」がないので週末に仕事をしていてもあまり苦痛ではありません。その分、自分で稼がないといつでも収入ゼロになりますが……）。このように休みが不定期な独立自営業者である私ですが、週に1日程度は仕事を入れない完全オフを作るようにしています。特に大きな予定のないオフの日には、映画や美術館に出かけたり、山の散策などをしています。

最後に1日ごとのオフです。1日の中にも必ずオフを入れてリフレッシュすることが大事です。朝に運動をしたり、仕事が多くて大変な時には強制的に10〜15分程度の休養を取るようにしています。

杏林大学名誉教授でNPO法人日本ブレインヘルス協会の古賀良彦氏によれば、「休んでくつろぐだけでは疲れは飛ばない。仕事と睡眠の間に楽しむ時間を持ち、仕事のことを一瞬忘れてリセットする」ことが大切だそうです（日経新聞2017

年10月30日夕刊「『デジタルライフ疲労』を防ぐ」)。

短時間で費用もかからず1人でできることは、好きなドラマを見る、ワインを一杯飲む、楽器を演奏するなどいろいろあります。ご自身の楽しみをぜひとも取り入れてみてください。

根本課題②

元気溌剌を言葉にする習慣

「仕事が大変で疲れています」と聞くと、「○○さんはがんばっているな」と日本では思いがちです。しかし、それは仕事の大変さをアピールするサインでもあります。ただし、そこに一つの悲劇があります。

このように**疲れていることをアピールすることは世界ではNG**だからです。疲れている人には仕事を任せられないというだけでなく、疲れた人と積極的に付き合おうとする人はいません。最悪の場合、使えない人間として解雇される可能性もあります。ですから、この「疲れているアピール」は極めて大きなマイナスイメージであることを日本人ビジネスパーソンは強く認識する必要があります。

世界のエグゼクティブはハードワーカーです。成果を出すために早朝から集中して仕事をしています。しかし、過度に働き過ぎて疲弊している人の中に成果を出しているビジネスリーダーはいません。一時的に疲弊することは誰でもありますが、疲弊が常態化している人はいません。

まずは「疲れている」「いつも忙しくて大変」とは言わないようにする習慣をつけなくてはいけません。**言葉を発した瞬間にその言葉に影響を受けるのが人間**です。かつて読売ジャイアンツの中核選手として活躍し、横浜ＤｅＮＡ監督も務めた中畑清氏があるラジオ番組で話していましたが、「子供のころは病気も多かったが、『絶好調』という言葉を発するようになって実際に絶好調になってきた」とのこと。やはり言葉の影響は大きいのです。

世界で通用する人材は、「過度に働き過ぎておらず、疲弊していない」「元気溌剌である」ということを、常に意識してアピールすべきです。

継続的に運動して脳を活性化する習慣

根本課題
①②③

オフの中で特に重要なのが運動・スポーツです。実際、運動は脳を活性化する働きがあることが科学的に証明されています。運動すると35％も脳の神経成長因子が増えるといわれています（『脳を鍛えるには運動しかない！』ＮＨＫ出版）。また、運動がうつ病の治療として効果があることも証明されています。**健康を維持向上させ、脳の活性化につながる運動は本業と並ぶ重要な日常の一部**であると強く認識し、日常的にできる運動を必ず入れるべきです。

実際、ニューヨークで早朝スポーツジムに行ってみると、多くのビジネスパーソンが汗を流しています。世界のリーダーは時間があると運動をしている人が多いのです。

私は、過去7年にわたりフルマラソンに挑戦しています。そのための準備トレーニングとして、毎朝自宅から近くの海辺まで走ります。緑のある川の土手を約40分間程度。大変に爽快です。そして毎年11月、大阪・淀川市民マラソンに出場しています。4時間20分台という平凡なタイムではありますが、少しでもタイムを伸ばすべく、毎年夏以降は厳しいトレーニングを自らに課しています。

大阪・淀川市民マラソンでは、シドニー五輪金メダリストの高橋尚子さんが応援ゲストとして毎年来てくれます。ゴール付近でハイタッチで迎えてくれる金メダリストのホスピタリティにはいつも感動します。私の1年のスケジュールの中で最も感動する日が、この多くのボランティアに支えられている大阪・淀川市民マラソンの日です。ぜひ読者の皆さんもハーフマラソン、10キロマラソンなど地元の市民マラソン大会に参加してみてください。大きな感動を体験できるはずです。

癒し効果が証明――「森林セラピー」の習慣

根本課題
②③

やりたいと思っていてもなかなかできないのが自然とのふれあいです。世界のビジネスパーソンは、自然の中でキャンプをしたりバーベキューをしたりすることで自分を癒しています。日本は特に森林が多い国なので、この森林のメリットを最大限に生かしたいものです。

日本ではかねて森林浴なども人気がありました。最近、人気が上がってきているのが「森林セラピー」です。森林セラピーとは、森林浴を一歩進めて、「医学的な証拠に裏付けされた森林浴効果のことです。森を楽しみながらこころと身体の健康維持・増進、病気の予防を行うことを目指します」（特定非営利活動法人森林セラピーソサエティのホームページより。なお「森林セラピー」は同法人の登録商標）。

太古の時代、人間は森林など自然と一体化し、共生していました。農業を開始して以来、次第に自然と乖離してきたのです。特に近代以降の都市化は、人間と自然とをさらに離すことになりました。自然から離れていてはストレスがたまる一方。現代人のストレスの大半は自然と心から触れ合うことで解消します。

森林セラピーに注力している自治体の一つに、鳥取県智頭町があります。鳥取県東部にあるこの町は、まさに森林に囲まれた実に美しい町です。私もこの智頭町の森林セラピーに参加しましたが、ストレスホルモンが減少する、副交感神経活動が高まる、交感神経活動が抑制される、心理的に緊張が緩和し、活気が増す、ＮＫ活性が高まり免疫機能が上がるなどの効果を感じました。

最近では、働き過ぎの社員を自然に触れる研修に送る企業もあるとのことです。自然に触れることを休息の一手段として、森林セラピーにぜひ触れていただきたいと思います。

自然の荘厳さに触れ謙虚になる習慣

根本課題②③

西洋の価値観では、宗教的な価値観の影響のため、どうしても人間と自然を対立的にとらえる、または人間が自然を支配するととらえる傾向があります。米国のオバマ前大統領の演説などでも「人間が自然を支配する」といった趣旨の文言が入るほど、西洋文化は自然と人間を対立的にとらえる傾向があります。

一方で、**自然の荘厳さに触れると、特に自然との一体感を重視する日本人の場合、人間が自然によって生かされていること、自然の一部であることを実感するのではないでしょうか。**これからの世界を考える上で、これは大変に重要な価値観です。それは、人間が万能であるとして、自然を破壊してきた人類の歴史について見直していくきっかけになり、それだけ人間が謙虚になれるからです。

私は、過去25年以上スキューバダイビングをしてきました。海の中に身を置くこ

Our ability to set ourselves apart from nature and bend it to our will.

私たちを自然から解き放ち、
自然を自分たちの意思に従わせる能力

（出典）『オバマ大統領 広島スピーチ生音声』（ジャパンタイムズ）

図 17

とで、海の美しさ、魚は呼吸できても人間はできないというある意味単純な人間の限界を感じることができます。また、山登りやスキーも好きです。それも、自然の荘厳さを身近に感じることができるからです。

短時間でも多くの国を回る習慣

根本課題
①②③

旅行はしたいけど、時間とお金がないという話はよく聞きます。しかし、工夫次第で旅行は大いに増やすことができます。そもそも旅行というと泊まりがけで行くというイメージがありますが、**日帰りを含めて通常の休日での短時間旅行を大いに活用しましょう。**

旅行は思い切りが大切です。「時間ができたら」と言っていると、いつまでもどこにも行けません。深夜バスであれば時間も運賃も節約できます。休息したい場合には夜行バスはおすすめできませんが、楽しみを得たいのであれば、短時間でとにかく行ってみる、見てみるということに意味があります。

時間をかけて滞在することももちろんありますが、私は**海外を原則短時間、かつ複数の国を回ることにしています。**1泊2日でどんどん国を移動していくことはざらです。ですから、時間が取れないから行くのをやめるのではなく、時間がないからこそ1泊2日でも行こうと考えれば、長期的にはかなり違った結果になります。

2日あれば、中国・韓国に行けます。
3日あれば、東南アジアやグアムに行けます。
4日あれば、南アジア、中東、欧米に行けます。
5日あれば、アフリカ、中南米に行けます。

ハンガリーの首都ブダペストは、ドナウ川に面した大変に美しい街で、世界中から観光客が押し寄せています。キリスト教の教会は、かつてオスマン帝国に支配されていた時代にはイスラム教のモスクであったと知り、ヨーロッパの歴史の重層性を改めて感じた次第です。

その際、思い切って日帰りでスロバキアの首都であるブラティスラバに行くことを強行しました。スロバキアは、1993年にチェコスロバキアから独立した（正確には中世にも独立していたので再独立した）人口約550万人の小さな国です。

日帰りでしたが、チェコとは違った歴史文化に触れることができました。多様な民族が分離結合を繰り返してきたヨーロッパの歴史の一部を学ぶことができるなど、海外の旅先では**日帰りでの周辺国訪問も頻繁に実践**しています。

あの時に強行していなければ、一生行く機会がなかったかもしれません。小さな国は機会をあえて作らないと、行くことなく一生を終えてしまいがちです。時には短時間でもあえて行ってみるということをぜひ実践してみてください。

世のため人のための活動を何か実践する習慣

根本課題
②③

世の中には、困窮状態にある人が多数います。そのような人の役に立つ何らかの活動こそがボランティアです。日本は世界的にみてもボランティア活動に割く時間が少ないといわれます。仕事以外の社会に関心を向け、視野を広げる上でもボランティア活動は重要です。

海外に出るなど大きなことでなくてもいいのです。たとえば、地域の民生委員は民生委員法によって規定された非常勤の特別職の地方公務員です。研修制度もあり、年に平均8万円程度の活動費も出ます。業務量の割には活動費が少なく、なり手が少ない現状はありますが、地域の困窮した人々を救う仕事です。

民生委員以外にも、町内会活動、消防団活動などある程度自治体も関与する公的な活動もあります。4章で述べたホームレス支援で就労支援をしたり、生活相談にのったり、炊き出しをしたりするボランティア団体も全国各地にあります。世のため人のためということもありますが、それをすることで自身も想像以上の充足感が得られるのがボランティア活動です。

根本課題
③

日本文化を披露する習慣

日本文化を自ら楽しむだけでなく、世界の人を楽しませることを習慣化することもおすすめします。「そんなに世界の人は日本文化に関心があるの?」と思われるかもしれません。答えは「大いにあり」です。

欧米文化、中東やアフリカの文化とは明らかに違った文化的特徴を持つ日本文化は、「エキゾティックでよくわからない」からこそ関心を持ってもらえます。日本文化に知悉している私たちは有利な立場にあります。

ただし、日本文化といっても特に難しく考える必要はありません。高尚な芸術論、文化論を語る必要はないのです。食事やお酒の話、自分の関心のある映画やテレビドラマなどの話に、少し日本文化らしさを入れるだけで十分です。

たとえば、２０１６年に大ヒットしたアニメーション映画「君の名は。」を題材に、日本の地方に残っている昔ながらの伝統の祭りの話をしてもいいでしょう。アジアからの観光客の中には映画の聖地巡りをする人も多いのです。

東アジアでは中国文化の影響が強く、日本文化への関心はさほど高くないかもしれません。しかし、和食は世界的にブームになっています。日本の和菓子などをお土産にして、和食の繊細な盛り付けの話などをすれば関心を持ってもらえることも多いはずです。欧米や中東では、日本はその独自性こそが評価されているのです。

本章の最後のコラムにも書きましたが、私は英語落語を披露することがあります。皆さんも日本文化をうまく活用して、世界で人を楽しませる習慣を持っていただければと思います。**世界では自らの文化を相手の関心に応じて披露することが求められます。**オフの時間で習得した日本的一芸を披露するのです。

1人の時間を作り、自分を見つめ直す習慣

根本課題①②③

休息して英気を養う観点から重要なのは、1人になる時間を作ることです。哲学者のアイリーン・キャディの言葉に、「時々、仕事を休み、人と離れて、一人きりでどこかへ行って、ただ『そこにいる』ことは、とても大切です」というものがあります。

1人になることは、休息をとり、自分を見つめ直す重要な機会です。日本人は仲間や家族に合わせすぎるあまり、1人になる時間をとることが苦手な人が多いようです。小さなお子さんのおられる方は帰宅しても家事や育児に追われて、なかなか自分1人の時間、自分を見つめ直す時間をとることができないことも多いでしょう。

では、どのように習慣化するのがよいでしょうか。

まず、1週間の中で特定の時間帯を決めます。たとえば、土曜日の午前中です。朝に家族で食事後、3時間程度喫茶店でゆっくりするなどです。平日の場合、毎週

定例的には難しいと思いますが、可能であれば平日の夜もいいでしょう。

また、出張中も大事な1人の時間です。私は出張などで移動するのが大好きです。移動中の方が、考えごとができるからです。もっとも、いつもは読まない分厚い本を大量に持ち込んで読み込んでしまうことも多いですが……。

私たちは人との付き合い、交流、家族との団らんから多くの喜びを得ています。一方で、1人の時間を持たないと、考える時間がなくなってしまいます。世界に通用する人材になるには、1人になる時間をオフの中に入れていくことがとても重要なのです。

いま、世界的に大流行している**マインドフルネス（瞑想）も、1人で自分を見つめ直すための手法の一つ**といってよいでしょう。

私は高野山大学で瞑想の授業を受講して、自分と他者、自分と世界がつながっていく瞑想の重要性を認識しました。時間をとって座禅を組んで、息を整えて……と難しく考える必要はありません。慣れてくれば普段の生活の空き時間で十分に可能です。私は仕事中に、短時間ですが次のようなことを実践しています。

・呼吸に意識を向ける
・手足の感覚に意識を向ける

・世界を意識する

世界に通用する人材は、１人の時間をとることを習慣化することが大事です。また、１人の時間を持つことは、引退後に自分の時間を有意義に過ごすことにもつながります。

人類普遍の真善美の追求――芸術を楽しむ習慣

根本課題
①②③

私は現在、京都造形芸術大学の通信課程の学生でもあります。芸術教養学科という学科で、次のようなことを学んでいます。

・芸術とは何か
・デザインとは何か
・芸術が社会で果たす役割とは何か

さすが芸術・アートを学ぶ大学だけあって、用意されているeラーニングの画像が美しく、説明もわかりやすくデザインされています。これまで主として社会科学系の勉強が中心だった私にとっては非常に刺激的です。経済、政治、宗教……さまざまな分野の中で、芸術こそが世界に通用するもの、人類普遍のものと言えるのではないでしょうか。

逆に言えば、世界のどこでも評価される人類普遍の真善美といった価値を追求するのが芸術です。アーティストのヨーゼフ・ボイスは、「社会彫刻」というコンセプトを提唱し、「全ての人はアーティストとしての自覚と美意識を持って社会に関わるべきだ」と述べています（山口周『世界のエリートはなぜ「美意識」を鍛えるのか？』光文社）。芸術に日常的に触れて人類普遍の価値を感じること、その感覚を通じて生活を豊かにすることは重要です。

実際、私が京都造形芸術大学での学びで特に注目するのは、**日常の身の回りの素晴らしさに目を向けること**です。芸術というと絵画や彫刻を飾ったり、音楽を聴いたり、といったことを想像します。しかし、芸術はそれだけではありません。身の回りのちょっとしたことに意識を向けて、美しさや面白さ、楽しさを発見することも芸術です。道端に咲いている花、雨上がりの草むらや苔、闇夜の電灯の光（アーティストの中には闇を題材にしている人もいます)、夜の静けさ、川のせせらぎ……。さまざまなものに意識を向けると見えるものが変わってきます。

今、目にしているものの中で、「これ美しいな。面白いな」「楽しいかも」といったものを探してみると、生活が格段に豊かになるでしょう。芸術は人類共通の普遍的な真善美を追求するものです。**芸術に触れることは世界に通じることにもなるの**です。

引退後も続けることを視野に入れて活動する習慣

根本課題③

最近、定年後の生き方に関する書籍が多く出版され、いくつかはベストセラーになっています。私は、健康であれば定年など関係なく働けるように市場価値を高めるべきという立場で、定年には意味がないと考えています。しかし、実際には引退せざるを得ない場合も多いのが現状です。

釣りが好きで引退後は思いっきり釣りを楽しもう、ゴルフ三昧の日々が理想などと思っていても、1か月ほどで飽きてしまいます。「現役時代はあれだけ活動的だった人が……」という経験は誰にでもあるのではないでしょうか。

しかし、欧米では引退後に急に老け込むことは、日本ほどは多くありません。それは、現役時代から家族との時間、プライベートの時間を大切にしているからです。**真に充実感を感じる活動、いわば魂が喜ぶような活動を現役世代に始めておくことが重要**なのです。

引退後にも持続できることを視野に入れてオフを過ごしましょう。会社の保養所や会社のサークルなどは、退職すると利用できません。仲間と過ごす活動も素晴らしいものですが、**1人でも続けられる楽しみがあった方がなおよし**です。仲間との交歓は理想ですが、趣味のサークルは人間関係がうまくいかないことがあるほか、周囲に気を使いすぎることもあります。また、高齢者の集いの場合、仲間が急に他界することもあるでしょう。私がおすすめするのは、大学でも専門学校でもよいので、50歳くらいから新たな学校に通うことです。

コラム

英語落語は世界に通用する

私は落語を始めて10年近くになります。先生は桂米朝一門の上方噺家の桂出丸師匠。素人落語家「積極亭はつらつ」の名前で1～2か月に1回程度、素人高座に登壇させてもらっています。師匠によると、私が演じているのは落語ではなく落伍であるらしいのですが……。それはともあれ、本書を読んでくださっている方の中には、落語をあまり知らない人もいると思いますので簡単に説明します。

発祥は江戸時代の元禄期。18世紀初頭といわれます。江戸幕府が開闢して100年が経過して世の中が安定した頃に、京、次いで大坂、江戸で生まれました。

上方では、街の真ん中で大声で噺をしたそうです。そのため、音声も発達して出囃子が発展しました。出囃子というのは、落語家さんが登場する際の音楽のこと。この出囃子は上方で発達して後に江戸に伝わりました。落語は江戸と上方で交流を繰り返しながらそれぞれで発展しました。同じネタが方言と地名を変えて双方で演じられることも多くあります。

江戸落語の大ネタ「芝浜」は、上方では「夢の革財布」と演目名も変わり、芝浜は住吉浜に変わります（会話も当然大阪弁）が、ネタの概略は同じです。

落語は世界で受け入れられる余地が大きいと私が考えるのには、以下の理由があります。

第一に、怠惰、失敗、怒りといった人間の弱さに焦点を合わせているからです。世界中どこを探しても、怠惰な人、失敗する人、怒る人はいます。この普遍性が世界の人を引き付けるのです。

第二に、思いやりにあふれているからです。落語は、怠惰な人、失敗する人を非難するわけではありません。人間の持っている特性として肯定的にとらえ、笑いに変えてしまいます。温かい思いやりにあふれているのです。

第三に、勧善懲悪だからです。落語には、だます人、盗人など悪い人も登場しますが、たいていは最後に悪事がばれてしまいます。このような勧善懲悪も世界共通でしょう。そのため、落語を英語で演じると世界で評価されるのです。

私はAILA国際フェローとしてワシントンDCのシンクタンク、戦略国際問題研究所（CSIS）で研鑽を積ませていただきました。ここはヘンリー・キッシンジャー元国務長官が拠点とする米国を代表するシンクタンクで、世界のあらゆる問題が議論の遡上に上ります。アカデミックかつ実務的な議論にもとても刺激を受けました。このような場で研鑽を積むことができたのは稲盛和夫氏のおかげで、心より感謝しています。

そのCSISでのレセプションで自己紹介をする機会がありました。その際、日本から着物を持参して、拙い英語落語のマクラ（落語の演目に入る前の小噺）を披露しました。拙い内容でしたが、拍手喝さいでした。米国でのレセプションでは、着物を着て登場するだけでも目立ちます。それに加えて笑える小噺までついてくるので、米国人からすると「物珍しくかつ面白い」ということになるのです。

また、別のニューヨークのセミナーでの自己紹介で、"I perform a Japanese traditional comedy Rakugo." と話したら、休み時間に複数の米国人が私のもとにやってきて、「あなたのパフォーマンスはYouTubeで見られるのか」と聞いてきました。YouTubeに出すほどのレベルではないので、"It's just a hobby." と言ってYouTubeにはないと話しましたが、関心の高さには驚きました。

日本人は、世界では「真面目すぎてつまらない」と思われているふしがあります。しかし、落語のマクラで使うような小噺はいくらでもインターネットで検索できるので、機会があればそれを披露すればよいのです。ここに一つだけ、ごく短い小噺を書いておきます。

You receive three rings when you get married.
One, engagement ring.
Two, marriage ring.
Third, suffering.

補論 第6の習慣

「英語」を変える

最後に「『英語』を変える」についてお話しします。他の章と異なり、本章は日本人の英語に関する課題が大きなウェイトを占めています。それだけ課題が大きく、深刻であるからです。

以前、ニューヨークで人材開発に関するセミナーに参加していたとき、非ネイティブが米国で仕事をする際にはどの程度の英語力が必要かについての議論がありました。私が「日本人の場合は英語が苦手な人が多く、その点を米国人に配慮してもらえるとありがたい」と話したら、隣の席のフィリピン人から、**「私は米国で成果を上げるためにフィリピンからやってきた。英語が苦手と思われると仕事が来ない。そのような甘い考えはもっていない」**と猛反発をされたことがありました。物静かな彼女が英語力の話になると急に強い口調で反論してきたことが印象的でした。私は日本人の感覚で自らの英語の基準値を低くしていたことを恥じました。

そうです。**世界では英語ができないと相手にされないのです。**日本人的な甘い幻想は捨てるべきです。言うまでもなく世界で通用する人材となるには一定以上の英語力が不可欠です。しかしながら、一部の卓越した人を除いては、私を含めて日本人の英語力は実に心もとないというのが偽らざる真実です。

本章は、他章以上に辛口かもしれません。英語の達人である読者からは、「お前ごときにそこまで言われたくない」とのご指摘もあるでしょう。私自身、日々英語についても血のにじむような努力をしていますが、大した実力はありません。しかし、どうかお許しください。というのも、私は英語力不足は国難であると考えており、なんとしてでも現状を打破したいと熱情をもってお伝えしたいからです。

根本課題①

「英語は通じればよい」と言っている人に問いたい。「情熱が感じられず、失礼な表現の日本語を話す外国人を信頼できますか？」

英語は通じればよいという人もいます。もちろん、熱意や誠意、細かいニュアンスも含めて通じれば問題ありません。それが英語の到達点です。しかし、この「通じればよい」という意味が、「若干間違った表現であっても一応伝わればよい」という意味であれば問題です。

そもそも**コミュニケーションはニュアンスや情熱、そして誠意を含めた総合的なもの**です。仮に内容が伝わっても、熱意や誠意が感じられないのであれば、相手を動かすことはできません。契約上、最低限のことを形にできても、それがビジネス上の成果になるとはとても思えません。

通訳がいればいい、これからはAIが訳してくれるという意見もありますが、私は一部の場合を除いては反対です。というのも、通訳者やAI通訳機を使った場合、情熱や誠意が伝わりにくいからです。形式的・儀礼的な場合は通訳で支障がない一方、真の関係構築に際して通訳を介すると、情熱や熱意が伝わりません。これは私自身、アラビア語と英語の通訳経験があるので常に感じてきたことです。

また、時間が倍以上かかることも、スピードが求められる現状には合いません。AIが情熱やニュアンスも含めて瞬時に訳してくれるようになれば別ですが、そのような時代はいつ来るのでしょうか。少なくとも現時点では、AIはニュアンスや空気を読むことは苦手です。

スピーキング（話す）では、ライティング（書く）と違い、文法や語彙に若干の間違いがあるのはやむを得ないことです。「三人称単数現在のsを忘れた」「現在進行形はこの場合使わないのに使ってしまった」「ややニュアンスの違う単語を使ってしまった」といったことは、私も頻繁にあります。

そもそも、文法や語彙の間違いを気にしすぎると話すらできません。また、その都度発言していかなくてはいけないので、スピーキングでの若干のミスは許されます。しかし、**ビジネス上の関係構築においては、スピーキングも、ライティングも、相手に対して失礼な表現になっていないことを十分に確認すべき**です。

たとえば、Foreignerは自分と違う異国人といった語感があり、場合によっては失礼になります。

中学・高校で学んだ英語をそのまま使うと相手を不愉快にさせる、ということはよくあります。たとえば、教科書に必ず掲載されているWho are you?は、「お前いったい何者?」といったニュアンスになり、ぶっきらぼうな表現というよりも失礼にあたります。日本人の英語がぶっきらぼうという悪評はこの教科書のせいかもしれません。英語ネイティブは**丁寧で婉曲的な表現を使いながらも、明確に伝わる表現を好みます**。ですから、単にストレートな表現では相手にとても失礼になってしまうということも心に留めておくべきです。

私自身が、帰国子女や同時通訳者のような英語力がないことは、まずもって告白・懺悔しておきます。TOEICも満点ではありませんし、英字新聞や英字雑誌を読んでも知らない単語に出合います(ちなみに、TOEICはスピーキングとライティングがないので最近は受けていませんが、語彙力や文法力、リスニングなどの強化の面からは重要性を認識しています)。

そのため、日々必死に勉強していますが、連日のように世界のさまざまな事象についてファシリテーション(対話を通じて議論を活性化させること)していても、的確な質問やコメントができなかった日もありますし、英語でクライアントと打ち合わせをしても、うまく伝わっていないのではと不安になることも度々あります。

もちろん、すべての人がグローバル化に備えて英語力を徹底強化すべきであるとは思っていません。業態や業種、所属部署によって必要性に相当な違いがあり、職業によっては英語がほぼ不要ということはあるからです。しかし、**ある程度グローバル化を進めようとしている企業の経営幹部や幹部候補、海外事業担当者が英語ができないことは、今後は致命的です。**英語ができずに現地に赴いても、「何しに来ているの？」を思われるのが関の山だからです。

根本課題②
リーダー層の英語力の低さのため、世界の優秀な人材がそっぽを向く

一般庶民が自国語しかできないのは世界でも普通のことです。しかし、社会の指導者・リーダー層で英語ができない国は、日本を除くと多くありません。**リーダー層の多くが英語ができないにもかかわらず、さほど深刻ととらえられていないのは異様**なことで、そもそも首相や外相、経団連会長の英語力ついてマスメディアで議

論にならないのは不思議なことです。

北朝鮮など鎖国状態にある非民主国ならいざ知らず、民主的で経済的自由があり、海外にも開かれているはずの国の政治家、経営者、学者、ジャーナリストなどのオピニオンリーダーがここまで英語ができない国はまれです。

ある旧帝国大学の工学部関係者と意見交換した際、工学部は英語での授業が一番ふさわしいので、少なくとも大学院ではぜひ講義およびゼミ指導や論文執筆を全部英語で実施してほしいという持論を展開しました。すると、教授陣の英語力が不足しているため無理と言われました。理工系の大学院で自国語のみというのはまさに絶海の孤島のイグアナで、驚いて言葉になりません。

後述しますが、明治時代は多くの授業が英語で実施されていました。しかし現在、日本では超難関大学の大学院でも日本語でほとんどの講義やゼミが行われています。日本文学や日本法を学ぶならともかく、工学、理学、医学、経済学などの分野の大学院レベルで日本語が原則であれば、学生も研究者も世界から優秀な人材が来るわけがありません。大学とは、世界から優秀な人材を集めて世界に冠たる研究を行うところです。少なくとも一流とされる大学はそのような社会的役割があり、そのために税金も使われているのです。

研究者にとって論文が引用されることは重要です。英エコノミスト誌によると、国境を越える研究者の方が論文が多く引用される傾向にあることがわかっています（２０１７年10月６―13日号）。そもそも日本人研究者の国際研究自体が少ないとの指摘もあります。いま、**日本の大学がぶつかっている研究活動の大きな壁は、日本人中心、日本語中心であり過ぎること**です。東大や京大の世界ランキングがどんどん下降しているのもこのことに起因します。

問題は研究機関だけではありません。日本企業に世界の優秀な人材が応募してこないのも英語のためです。役員など幹部クラスが英語のできない日本人男性でほぼ固められているため、優秀な世界の学生がそもそも応募しないのです。

ある外資系グローバル企業の幹部によると、ダイバーシティとはよくいわれるけれど、女性よりも外国人活用の方が経営へのインパクトは大きいとのこと。まさに外国人のいない同質性の高い経営幹部会議ではインパクトが弱く、新たな戦略も出にくいのです。そもそも、**グローバル企業の役員が日本人男性だけで占められるのは異常であるという感覚も必要**です。

根本課題③

日本人は「話す」「聞く」だけでなく「読む」「書く」も問題

日本人は読み書きはできても、聞いたり話したりは苦手とよく聞きますが、これは誤解を招く意見です。確かにスピーキング（話す）とリスニング（聞く）は苦手に感じている人も多いと思いますが、実際はリーディング（読む）やライティング（書く）も大いに問題だからです。

まずリーディングですが、専門の論文を英語で読んでいる研究者は多いでしょう。また、英字新聞、英字雑誌を購読しているビジネスパーソンもおられると思います。これらのことを何不自由なく実践されている方は問題ありません。

もっとも、英字新聞や英字雑誌は英語文化を深く知らないとわからないような固有名詞や表現、語彙が使われているため、簡単ではありません。たとえば、「長嶋が天覧試合でホームランを打った」という文章は、日本語をかなり勉強している人でも、日本文化などの背景に詳しくないと意味がわかりません。

一定年齢以上の人なら誰でも知っている著名人ですが、巨人の黄金時代であるV

9時代の中心バッターで、後に監督などを務めた長嶋茂雄氏については、いまの10代の日本人も知らないでしょう。外国人が「ナガシマ?·?」と言うのは当然です。ましてや「天覧試合」という単語や、野球文化のない多くの国では「ホームラン」の理解も難しいはずです。

このように文化背景を知らないと理解できないような表現が、英字紙や英字雑誌にはあふれています。「英語で新聞くらい読めなくては」という声はよく聞きますが、実は新聞は難しい部類に入るのです(ちなみにレトリックが多く含まれた文学作品も難しい部類に入ります)。

次いでライティングですが、和文英訳は受験勉強で大量に練習した、構文を丸暗記したので一定の文章は書けるなど、文法は大丈夫という方も多いかもしれません。しかし、受験英語で学ぶ構文は実際には使われていないものも多く、そもそも英文法には数多くの規則があるため、受験英語レベルでは安心できないのです。

しかし、ライティングはある程度準備する時間があります。最近は文法チェックをしてくれるソフトも多数あります。それにもかかわらず文法が変であったり、間違った単語を使っていると、準備不足が明らかになり、相手の信用を失ってしまいます。文法チェックはソフトでできても、一番適切な単語を使っているかどうかは文脈や目的や意図、ニュアンスに関わります。そして、このニュアンスこそがAI

単語	意味
plod	とぼとぼ歩く
stride	闊歩する
stroll	ぶらぶら歩く、散歩する
strut	気取って歩く
stump	重い足取りで歩く
toddle	よちよち歩く
traipse	疲れてとぼとぼ歩く

（出典）ロッシェル・カップ、大野和基著『英語の品格』を基に山中が表作成

図 18

の苦手な分野です。

また、どの単語を使うのかというワーディング（wording）が課題との指摘もよくありますが、たとえば「歩く」という表現でも英語ではwalk以外に多数あることは前頁の表のとおりです。その都度、的確なワーディングが求められます。

ワーディングでは、英英辞典などでニュアンスを含めて意味を理解した上で意図や目的と照らし合わす必要があり、かなり大変な作業になります。米国在住20年以上のある英語の達人によると、海外勤務経験が豊富で英語力があるとされる日本人でも、語彙や文法を含めて文章に問題があることが多いと指摘していました。スピーキングと違ってライティングでは、ネイティブではないので仕方ないとはならない点を十分に認識することが大事です。

根本課題④

発音が悪いので伝わらない

「発音なんて気にせず、どんどん発言すればよい」という意見は半分正しく、半分間違いです。確かにネイティブ並みの発音は難しいので、その点は気にせずにどんどん発言することが大事です。私の発音も日本人的です。しかし、発音が悪いと意味が正確に伝わらないことがあり、その点は注意しないといけません。

「インド人の英語はわかりにくい」「シンガポールの英語はなまっている」と批判する日本人がいますが、すでに英語文化が浸透しているインド人やシンガポール人の英語よりも、日本人の英語の方がそもそも珍しいだけに、よほど聞きづらい可能性があります。

実際、「**日本人の英語はミーティングでは何を言っているのかわからないので不快である**」とアジアのある国のビジネスパーソンに言われたことがあります。そのミーティングで日本人の英語を誤解した結果、後日とても苦労し、損失もあったそうです。このように、不十分な英語ではビジネス上の関係も壊してしまうのです。

日本語は子音の後に母音を常にともないます。ですから、子音が続いて各単語がリンクして発音される英語に戸惑うのです。また、英語は綴りと発音の乖離が大きいこともあり、日本人のローマ字読みではなかなか伝わらないことも多いのですが、これは日本人のスピーキングやリスニングにも大きな影響を与えています。

根本課題⑤

死屍累々
——巨大なビジネス損失につながるお寒い症候群

海外の優秀な人材が日本に来ない点についてはすでに指摘しましたが、日本企業の海外事業、グローバル事業についての悲惨な現状についてもお伝えしなくてはなりません。

ビジネスの成功例は大きく取り上げられますが、失敗例は倒産につながるような大赤字か不祥事でもない限り、マスメディアでは大きく取り上げられません。海外事業から撤退したなどが報じられる程度です。

しかし、**海外事業の失敗の事情をよく検証してみると、広い意味でのコミュニケーション不足、コミュニケーションがとれる人材不足が大きな要因になっている例が多数あります。**

以下の例は、私が直接関与した、または見聞した「症候群」です。どの会社であるかわからないように一部脚色していますが、根幹となる問題点は変更していません。

・「英語できなくても駐在」症候群

まずは英語をないがしろにしている事例です。「英語はあまりできなかったが、業務に支障はなかった」という海外赴任者の声は意外に多くあります。もし、このような話を聞いて、海外赴任の場合はそこまで英語力を強化しなくてもいいと判断するのであれば早計であり、ビジネスの前途は多難です。

とりあえず、本当は英語ができるのに「あまりできない」と謙虚に言うケースは除きます。

では、なぜ英語ができなくてもなんとかなったのでしょうか。私は、以下のように解釈するべきだと思います。

第一に、海外赴任してもほとんど日本人と付き合っていた場合です。海外赴任をすると、外国での生活の不馴れや語学問題などのため、日本人社会にどっぷり浸かることは一般的です。日本の資本が入っていない完全な現地企業やグローバル企業での勤務の場合、または現地の人と結婚している場合などを除き、日本企業の現地法人に転勤した場合は日本語での会話が多くなりがちです。

中国、台湾、韓国はやや例外ですが、どんな国でも日本語ができる人材は非常に限られています。仮に話せても、実際の勤務にまったく支障のないレベルとなるとぐっと少なくなります。となると当然、大多数の現地の人々との交流はできません。世界のほんの一部に過ぎない日本人社会での付き合いだけでは、海外赴任でもっとも大切な要素である、現地の人々が何を考えてどんな生活をしているかということがわかりません。

第二に、現地での立場が購買担当である、または親会社の意向があるなど立場が強い場合です。たとえば購買担当なら、数字やコアとなる品質についての英語がわかれば大きな支障がなく、拙い英語であっても相手が「お客様」と思い、英語を理解しようとしてくれるでしょう。親会社の意向が強い場合も、英語ができなくてもなんとかやり過ごすことができます。

第三に、これはそもそも論ですが、英語や現地語ができたらさらにパフォーマンスが上がった可能性があるということです。「英語ができなくてもなんとかなった」というのは実は目標値が低すぎただけで、その低い目標を達成したに過ぎない場合もあります。

・「本社が英語できない」症候群

次のような事例もありました。海外にいくつかの現地法人があるメーカーA社では、数人の日本人駐在員を除き、現地出身の社員で占められていました。駐在員は現地語はもちろん英語も雑談程度で堪能ではなく、コミュニケーションは不足しがちでした。現地社員の本音は、あんなに語学ができない駐在員はいても仕方ない、駐在員の高額な海外赴任手当の一部を私たちの給料に回してほしいというものでした。しかし、本社はどうしてもその日本人駐在員にいてほしかったのです。なぜだと思いますか。

それは、**本社の経営幹部に英語が十分できる人材が少なかったから**です。現地は現地社員に任せるということは随分前から言われていましたが、遅々として進みませんでした。その最大の理由の一つが、本社サイドの英語化が遅かったことです。現地を現地出身社員中心にマネジメントすると、一部東アジアの国を除いては本社とのテレビ会議が英語にならざるを得ません。そのようなテレビ会議に対応できる経営幹部が日本にいなかったのです。

このように、社員に英語を学べ、これからは英語ができないとダメと言いながら、自分たちが英語ができないという経営幹部が多いのが現状です。

・**「英語ができないとのクレームで販路失う」症候群**

中国に進出したある部品メーカーの現地法人に対し、欧州にある非英語圏の世界的メーカーから製品の引き合いがあったそうです。その現地法人は日本語ができる中国人に依存した体制になっていたので、日本人駐在員の中で英語ができる人材が不足していました。欧州の世界的メーカーからは、英語ができる人材を交渉の場に出してほしいと要請があったにもかかわらず、英語のできる人材を出すことができなかったため、結局、その案件を受注できなかったとのこと。これは、「英語できなくても駐在」症候群の発展形といえます。

・「海外M&A失敗」症候群

M&Aの専門家によると、海外M&Aの90%以上は失敗しているとのこと。高値で買わされて、買収後にシナジーを出すような経営ができていないからです。その要因の一つとして、文化やバックグラウンドなどの理解を含めたコミュニケーション能力不足があります。あまりにコントロールしすぎるか、野放しにしすぎるかのいずれかの場合が多く、海外M&A後の両社の制度面・文化面の統合であるPMI(Post Merger Integration)までを視野に入れたM&Aが少ないのです。

日本経済新聞などでは、大型買収、海外進出などは記事になる一方で、買収失敗、海外進出失敗は少なくとも大きな記事にはなりません。しかし実際には、買収や海外進出の失敗はごまんとあり、その背景に駐在員や交渉担当の英語力不足の問題があるのです。

そもそも国内の日本人の英語力、少なくとも海外進出している大企業の管理職クラスの英語力が伸びれば日本経済は大きく変わるでしょう。非常に辛口かもしれませんが、これは真実です。だからこそ、その対応となる習慣についてお話しさせてください。

王道なし——地道に単語や表現を覚える習慣

根本課題
①③

一般に英米の一流の新聞や雑誌を読んだり、英語で知的な会話をするには、2〜4万語程度の語彙力が必要といわれています。しかし、大学入試レベルで必要な単語数は、6000〜7000語程度です。ですから、**「大学入試では英語が得意だった」というレベルでは、英米の一流の英語メディアを読んだり知的な会話をするには、まったく語彙力が不足しているという現実をまずは認識する必要があります。**

1日10個の新しい英単語を覚えたとしても、1年で3000ほどに過ぎません。それも忘れてしまったり、できない日もあるので実に大きな挑戦です。

大学卒業後も何年も努力を続けないと、2～4万語のレベルには達しません。結局、英語の勉強に王道はなく、地道な血のにじむような努力のみです。効果的な教材は実際にありますし、優秀な講師についた方が伸びるとか、話をする機会をできる限り増やした方がよいといったことはいくらでも言えます。しかし、単語や表現を覚え込むという地道な努力は絶対に必要です。

では、どのように語彙力を増やしていくのがよいのでしょうか。実は、暗記作業はビジネスパーソンには重要ではありません。受験生とは異なり、すぐに参照できるからです。しかし、語彙力だけは地道な暗記作業が必要になります。話す場合はもちろん、書く場合でも聞く場合でも、語彙力なしには太刀打ちできません。前述したとおり、ワーディングにも注意が必要です。

よい方法の一つは、**グーグルでどのように使われているかを検索する**こと。すなわち、数単語でできている英語表現をそのまま入力し、実際にどのように活用されているかを確認するのです。和英辞典や日本語での表現解説のみでは不足です。まったく出てこないような表現であれば、やはり使われていないことがわかります。グーグルで英単語を検索することを繰り返すと、ワーディングのレベルが上がります。

また、これと関連しますが、**コンテキスト（文脈）で理解し、記憶すること**です。

英字新聞や専門書を読んでいる時に、コンテキストを理解して前後の数単語とともに覚えるようにするのです。私は、単語帳に書き写して常に持ち歩き、毎日見直しています。5回程度音読をすると覚えやすいでしょう。

そして、新しく書き写した単語や表現を実際に使ってみることです。英語を話す機会が少ない人でも、自宅から駅まで歩く際に5つくらいの新しい単語を使って文章を作り、小さな声で発音することはできるはずです。**英単語や表現を覚えるにはとにかく使ってみることが重要**です。

根本課題③ ライティングはネイティブチェックに出す習慣

日常的なメールのやり取りであっても、スペルミスや明らかな文法ミスをソフトなどで確認することは大切です。ただし、重要な点については、同僚など身近な英語ネイティブに確認することをおすすめします。

仕事などで重要なライティングはネイティブチェックに必ず出してください。その際、当該分野に詳しいネイティブにお願いすることが重要です。最近はインターネットで海外在住のネイティブに比較的低額でチェックをお願いできるサービスが普及しているので、お金を惜しまないでいただきたいのです。

きちんとした英語を書くことはまさに信用です。ビジネスの現場では信用が一番大事であることは洋の東西を問いません。その信用を失わないためにも、ぜひとも書き言葉はネイティブチェックに出すようにしてください。

毎朝音読をする習慣

根本課題
①③④

私の知人の中で一、二を争う英語の達人であるTさんがお亡くなりになり、弔問にうかがった際、「毎朝、自室で英語の発音練習をしていたことが記憶に残ります」と奥様が話されていたのが印象的でした。このように、英語の達人といわれる人は音読を毎日実践しています。

英語は毎日話さないと口がついていかなくなります。そこで私がおすすめするのは、英語の音読を毎日する習慣です。短くてもよいので毎日決まった時間に続けると、1日のモチベーションが上がります。私もNHK「実践ビジネス英語」やCNNを音読することを習慣化しています。

根本課題④ 発音記号とリンキングに注意する習慣

「ネイティブのような発音は不要」とよく言われています。確かにネイティブのような発音は簡単ではなく、そこまで到達するだけの努力は並大抵のものではありません。それに忙しいビジネスパーソンがそこまでの時間を投資できないのは普通のことでしょう。

しかし、「日本人の英語スピーチは、理解できない単語が3～4つあるだけで聞く気持ちが失せる」と外国人から聞いたとき、考えを改めました。私自身、発音が不正確であったため、なんとか発音を正確にしようと学校に1年間ほど通いました。そこでの学びから、発音に対する認識の甘さを改めて反省しました。**発音は日本人**

の平均的な英語話者が考えている以上に重要です。理由は、前述したとおり、発音が誤解を生むことがあるからです。

そこで私がおすすめするのは、発音記号の正確な発音を理解して、単語については常に発音記号を確認することです。

特に注意すべきは、日本語で「あ」に当たる発音が多数あることで、それらはすべて区別すべきです。

また、日本語には「っ」という促音があるため、英語の発音もぶつ切りになりがちです。たとえば、happyは「ハッピー」でなく「ハピー」(ハはハとへの中間音)です。それから複数形や三人称単数現在の「s」は落としがちで、仮に発音しても小さくて聞こえないといわれますが、私たち日本人が思っている以上にネイティブは気になるようなので注意した方がよい点です。

英語は前後の単語がつながる「リンキング」の言語です。このリンキングは、スピーキング以上にリスニングの際に重要になります。たとえば、「have a」は「ハヴ　ア」ではなく、「ハヴァ」と聞こえます。各音節をしっかりと同じペースで発音することに慣れている日本人は苦手ですが、このリンキングに意識を向けることは、リスニングの際にとても役立ちます。

実際、**英語のリスニングが苦手な理由は、主として英語的な表現を含む語彙力に**

欠けること、およびリンキングに慣れていないことです。発音記号やリンキングについては、『英語は5つの口で発音できる!』(中西智子著、Jリサーチ出版)に詳しく書かれていますので、関心のある方はぜひ参照してみてください。

落語のように「情」を入れる習慣

根本課題 ①③

ある国際会議で日本人が話し始めると、ぼそぼそと話すので理解できないばかりか、顔が引きつっているので周りが一挙に引いていったという話をよく聞きます。しかし、常にジェスチャーを入れると、語彙が間違ってもさほど悪い評価にはならないことが多いようです。**コミュニケーションにおいては、世界どこでも情熱や思いが大切**なのです。表情が硬かったり、ジェスチャーが少ないと、この情熱や思いが伝わりません。

この点では英語落語に学ぶことができます。英語落語を広めた桂枝雀師匠の著書『落語で英会話』(祥伝社)には、「アクション・イングリッシュ」という考え方が紹介されています。要は英語も落語も情を込めて行動を伴うくらいに話すべき、ということです。この「情を込める」というのは、言葉の一つひとつに心から思いを入れるということです。

日本語で普段話をしている時には当然のようにできていることでも、英語になると文法や語彙に気をとられ、どこか情の抜けた話し言葉になることも多いと思います。では、情の入った英語にするためには何をすればいいのでしょうか。

枝雀師匠曰く、ペンを拾い上げながら「pick up a pen」と言うなど、動作と英語発音を同時に行うとよいそうです。日常的に自分の動作を英語化するのです。また、英語を発音する際に、小説や映画、劇、落語のセリフのように、情景を思い浮かべて登場人物のような気持ちで発音する練習を続けることです。たとえば、ＮＨＫ「実践ビジネス英語」は会話形式になっています。それぞれの立場になったつもりで、映画や劇のセリフのように情景を思い浮かべて、発音してみてください。

英文を多く読む習慣

根本課題
①②③

「英語力を高めたい」と言いながら、読んでいるのは日本語ばかり……。これでは英語力は上がりません。英語の達人の英語での読書量はものすごいのです。『英語達人列伝』（斎藤兆史著、中央公論新社）には、新渡戸稲造、岡倉天心、坪内逍遥といった明治時代の英語の達人のエピソードが多数取り上げられていますが、いずれも膨大な読書量です。当時の東京大学ではほとんどの講義が英語でなされていたので、英語での読書は当たり前だったのです。東京大学での英語での講義が現在も続いていたら良かったのに……と思ってしまいます。

明治期は「外国に追いつけ」と、知識人が外国のことを必死に学んだハングリーな時代です。そのようなハングリー精神を、今の日本人は忘れているように思えてなりません。

では、実際に英文を読む場合には、どうしたらいいでしょうか。私のおすすめは、ご自身の専門分野の書籍を読むことです。専門用語は共通であり、論理性が明確であることが多いため、読みやすいからです。一方、文学作品はレトリックが非常に多く、文化背景に関する前提理解が必要であるため難解なことが多いのです。

ここでは、私自身が日常的に一番よく読んでいる英字新聞の読み方について触れたいと思います。英字新聞を読む際に一番気をつけたいのは、難しいと思ってもすぐに諦めないことです。繰り返しになりますが、新聞や雑誌の英語のレベルは相当高く、TOEICで900点を取っても難しいものです。

表現にこだわった見出しが難しいことも多く、「これだけ英語を勉強していても、まだ見出しでわからない単語がある」と、いきなり挫けてしまうことは私もよくあります。このように英語メディアは難しいことが多いので、簡単には読めなくても当たり前です。その点をまず認識し、気にせずにモチベーションを維持することが出発点です。

また、自分の本業に関係する記事は読んでも、全部読む必要はありません。日本語でも新聞をまるまる全部読まないのと同じです。全部読もうとするのではなく、各記事のテーマやポイントに焦点を当てることが大切です。そうでないと膨大な英文の前で挫折することになりかねないからです。テーマを絞る場合には、次のことが一般的に考えられます。

・自分の産業・業界
・ビジネス上、今後注目するべき国や地域

また、ある程度記事を読み込む場合は、まず「見出し＋リード文」で概略を掴みます。リード文は2、3行で記事概略を説明した文章なので、この「見出し＋リード文」で概ねあたりをつけることができます。

次に、要点を示した段落が通常は記事の前半（一般的には第二段落くらいまで）にあるので、そこを読みましょう。

比較的大事であると判断した場合は、第一段落に時間をかけて読みます。第一段落の内容は、大きく分けて2つのパターンがあります。

一つは、結論が明確に書いてある場合です。この場合、要点である第一段落を読むことで大体事足ります。もう一つは、レトリックやストーリーになっている場合です。この場合でも、「要は何が言いたいのか」という結論を推測できる場合がよくあります。それは、その次の段落で要点が書かれていることが多いからです。つまり、多くの記事では、第一段落か第二段落に要点があります。

要は、結論の段落を探すことで大きく時間を節約できるのです。

もちろん、第一～第二段落だけでは結論がよくわからないこともあります。その場合は他の段落を読みます。特に、But、However の後には重要な根拠や主張がなされていることが多いので、その文章を読むようにします。

英語力が伸びない人は、圧倒的に英語での読解量が少ないのです。確かに、英字新聞を読むことは決して楽ではありません。しかし、世界を知るためにはぜひとも英語での読書量を増やす習慣に取り入れていただきたいと思います。

根本課題⑤

現地語も学ぶ習慣

ここまで英語の話を中心にしてきました。外国語の中で英語が占める位置はとても強固であることは確かです。グローバルに活躍することを目指しているにもかかわらず、英語ができないということは致命的です。しかし、私は現地に駐在する場合には、英語だけでなく現地語を学ぶ必要性も大いに強調したいと思っています。

ある講演で現地語の重要性をお話しした際、「私は商社に長く勤めて、あなたと同じくサウジアラビアにも駐在したが、アラビア語なんて必要なかった。現地語を学ぶくらいならもっと別なことを学んだ方がよい」というコメントを受講者からいただきました。

多くの人が聞いている場でしたので、「そのような考えも成り立ちますね」と言い、空気を読んでその場を収めました。しかし、私の本音は実は違います。なぜなら、**アラブ人やアラブ人をよく知る日本人アラビア語話者の間で、赴任しながらアラビア語をまったく学ぼうとしない日本人駐在員に対する悪評をよく聞いていた**からです。

その元商社マンの方は英語で十分にビジネスを実践され、一定の成果を上げてこられたのだと思います。しかし、私がここで言いたいのは、もしアラビア語ができればさらに成果や業績に繋がったのではないかということです。膨大な時間を割いて、流暢に話ができるようになってくださいと言っているわけではありません。文字を覚え、挨拶と自己紹介、タクシーに乗った際の簡単な指示、レストランでのオーダーなどができる程度でまずはＯＫです。しかし、それすら一切拒否する日本人駐在員が本当に多いのです。

逆の場合を想定してみてください。もし自分の会社に米国人の上司が3年以上勤務する予定で赴任してきて、「こんにちは」「ありがとう」以外の日本語を覚えようとしなかったらどうでしょうか。漢字はもちろん、ひらがな、カタカナも一切覚えようとしない、その米国人に親近感がわくでしょうか。

語学を学ぶことは、コミュニケーションのツールを習得するというだけではありません。その文化や習慣を学ぶことです。言語は文化や習慣、宗教と密接に関係しているのです。英語を学ぶことで、日本語にはない論理的な英米人の思考に触れることができます。また、仮定法など英米的な意味で相手に気を使った婉曲的な人への接し方を学ぶことができます。

他にも中国語、特に漢詩を学ぶことで、中国人の豊かな表現力や文化の奥深さを学ぶことができます。感嘆詞が多いことは、中国人の感情表現が豊かであることを示していると私は考えています。

さらにアラビア語を学ぶと、アッラーの神がいかに崇拝されており、日常的に人口に膾炙しているかがわかります。「アブドッラー」や「アブド」という名前は、アラブ人やイスラム教徒として一般的な名前ですが、その意味はいずれも「アッラーの神の奴隷」という意味です。この「奴隷」という言葉に、イスラム教徒の神への服従の意思が強く込められているということも、現地語を学ぶからこそ理解できるのです。

コラム

英語にこだわる私の1日の過ごし方

私事で恐縮ですが、「英語を変える」ことにこだわる私の典型的な国内での1日についてお話しさせてください。

5時、目覚まし時計の音に応じて、まだ暗いうちに起床です（ただし前日の帰宅が遅いなどで起床が遅れることもあります）。そして即ジョギングです。

ジョギングから帰ると、自宅では仕事などで外出しない限り録音している「実践ビジネス英語」を聞きます。わからない単語や表現はマーカーで線を引いて、私の英単語帳に記入します。この英単語帳は日々確認するようにしています。また、出張などでホテルの場合は、『CNN　ENGLISH EXPRESS』のCDを聞きます。いずれの場合も音読の時間もとるようにしています。

その後、自宅にいる場合はCNNかBBCを聞きながら、まずは必ずニューヨーク・タイムズ（The New York Times）を読みます。ニューヨーク・タイムズは世界のクオリティ・ペーパーと言われ、世界のトップエグゼクティブがもっとも読んでいる新聞の一つです。外務省時代、外務省内で最も読まれていたのもニューヨーク・タイムズでした（ただし現地語新聞も重視されており、たとえば中東担当部署では当然アラビア語やペルシャ語の中東の新聞も読まれます）。外務省退職後もその習慣は続き、ずっと自宅で購読しています。

出張で自宅にいない場合は、ホテルで朝食を食べながらエコノミスト（The Economist）を読みます。エコノミストは常に持ち歩いています。困ったことに、日本のホテルではCNNなど英語放送がまだないところが多いのが実情です。外国人観光客を増やすのであれば、当然取り入れるべきなのですが……。

朝一番で英語メディアから入ることは大変に重要です。というのも、日本のメディアがどれだけドメスティックであるかを確認できるからです。

私は週に2回、神戸情報大学院大学で非常勤で教鞭をとっています。リーダーシップについての講義の他、アフリカ、中東、アジアの社会人留学生のゼミを担当しています。講義もゼミも当然すべて英語です。ゼミでは、ソーシャルイノベーションやリーダーシップについて議論したり、専門書の輪読もしています。現在はアントレプレナーシップ（起業家精神）についての世界的名著『The Lean Startup』を1章ごとに読み、各自のビジネス展開への示唆について議論しています。今後は英語での執筆も増やしたいところです。

クライアントが外資系グローバル企業の場合、国内でも英語でのミーティングになります。

帰宅後、軽い作業や読書をしながらCNNやBBCを見ます。もっとも、夜は英語のニュース番組だけでは疲れることもあるので、海外ドラマやNHKの科学番組など録画したテレビ番組を見ます。グローバルな視野を広げるための活動には、片時も休みはありません。まだまだ自分の英語力不足を感じる日々なので、さらに英語力を高めるべく血のにじむような努力を続けているところです。

おわりに

地球倫理の時代——日本人リーダーへの期待

1日に100種類の生物が絶滅していることをご存じでしょうか。地球は今、史上6回目の大絶滅時代を迎えているといわれています。これは私も学会員である地球システム・倫理学会でのさまざまな分野の専門家を交えた議論の一部です。

このような絶滅は、人類の活動による温暖化、生態系破壊、人口激増、資源枯渇、戦争・テロ、貧困や格差問題が地球に大きな影響を与えてきた結果といわれています。MIT名誉教授で、現在の知の巨人ともいわれるノーム・チョムスキーは、「(第二次大戦後は) 人類が地球を滅ぼす力を備えた時代。この時代を人新世とすることに多くの科学者が同意しています」と述べています(『人類の未来—AI、経済、民主主義』NHK出版)。

人類が地球を滅ぼすことすらできる時代になってしまったことを、私たち現代人は強く認識する必要があります。では、このような危機的な地球の時代にあって、人類は何をすべきなのでしょうか。

第一に、地球全体のシステムについての理解を深めるために、科学、哲学、経済学、政治学などの幅広い分野の知見を高めることです。本書の議論でいうと、「グローバル教養」と言い換えてもよいと思います。特定の分野だけではとても太刀打ちできないからです。

第二に、「自分ファースト」をやめて地球全体のシステムを考慮した全体最適を目指すことです。自分ファーストには、自国ファースト、自企業ファーストも含まれます。地球が危機的な状態にある中、地球全体を視野に入れた思考や行動、地球倫理が今ほど求められる時代はありません。

第三に、以上の点を実践できるリーダーを世界各地で生み出していくことです。地球の危機を救うには、ビジネスと政治の両分野のリーダーが地球全体の問題意識を共有して問題解決にあたっていくことが必要です。

これからの地球倫理の時代、地球社会における日本人の役割は高まっていくと考えています。日本人の世界に誇れる特質として、勤勉、正直、時間に正確などが挙げられます。その中で**優劣をつけすぎず、和を重視、自然との共生重視、宗教に寛容などの特質は、地球全体のシステムを考える上で大変に意義深いと考えます。**

日本人は聖徳太子の「和を以て貴しとなす」の言葉どおり、古来、周囲との和を重視し、互いの調和や協調が重んじられてきました。欧米や中国などと比べても、極端な優勝劣敗社会ではありませんでした。たとえば、一つの王朝が滅びると一族はもちろんその城下の庶民も含めて徹底的に殺されるということが、世界史では頻繁にありました。敵からの攻撃を防ぐため、ヨーロッパの街は山の上の要塞のような場所に築かれたり、兄弟同士の殺し合いなど王朝内部での権力抗争が激しく行われることもありました。

確かに第二次大戦では、日本は他国を侵略して無辜の市民を殺戮するなど和とは真逆の行動をとりました。これは深く反省すべきことです。しかし、歴史を大きく相対的に見ると、欧州諸国などと比較して和を重視してきたと言えるのではないでしょうか。日本は極端な優勝劣敗社会、格差社会ではありません。身分社会であった江戸時代でも、食事や衣服などにおいて「殿様と庶民の差は小さかった」と言われています（磯田道史『日本史の内幕』中央公論新社）。

また、日本人は自然との共生も重視しています。人間は自然を支配するもの、という概念が強い西洋文化とは異なっています。

日本人の姓名には、山、川、森、林、木、松、桜、野、原、石といった自然を示す漢字が入っています。田、稲、米、麻など農作物に関連する文字もよく使われます。農作物は自然の恵みの代表です。私の知る限り、ここまで自然と名前が一体化している民族はありません。

日本人は古来、八百万《やおよろず》の神が自然の至る処におられると考えてきた民族です。宗教にも寛容で、少なくとも他宗教の施設を襲うテロ事件は日本国内ではほとんど発生していません。私がボランティアをしている神戸のＮＰＯでは、年末に路上で亡くなった方の供養をしますが、仏教とキリスト教の２つの方式の供養を連続して同じ場所で行います。これは世界的にあまり例がないと思います。

もっとも、無知からくる宗教に基づく差別や不当な扱いには目を光らせる必要があることは、本書でお話ししたとおりです。しかし、日本人がその特性をこれから生かすことで、地球倫理の時代に世界でリーダーシップを発揮することを願ってやみません。私自身もリーダーの端くれとして、地球倫理の時代に世界に寄与したいと思っています。残りの人生を賭ける所存です。

本書は、極めて多くの友人・知人、クライアントの方々、同僚、仲間のご支援ご指導によって完成しました。本来ならすべての人の名前をここに記すべきですが、あまりに多数であるため何卒ご容赦いただければ幸いです。その中で、ＣＣＣメディアハウスの鶴田寛之氏、アップルシード・エージェンシーの鬼塚忠社長、原田明氏には、出版の企画から執筆、編集、印刷製本に至るまですべてにわたり特にお世話になりました。また、切磋琢磨する経営者同士の勉強会仲間である、株式会社万代代表取締役の長尾二郎氏には、原稿を読んでいただいた上で貴重なご助言をいただきました。

もっとも、本書におけるいかなるミス、誤植も私に責任があることは言うまでもありません。

最後に、原稿を何度も読みながら叱咤激励をしてくれた妻、香織や、日々元気を与えてくれる二人の子供にも心より感謝します。

そして、最後まで読んでいただいた読者の皆様に感謝しつつ、今後の何らかの参考になればと願っています。

四季折々の自然が美しい鳥取県大山にて

山中俊之

【著者略歴】

山中俊之 Toshiyuki Yamanaka

株式会社グローバルダイナミクス代表取締役社長、
神戸情報大学院大学教授。
元外交官。元ＡＩＬＡ国際フェロー。
1968年西宮市生まれ。東大法学部卒業後、外務省入省。エジプト、英国、サウジアラビアに赴任、本省では対中東外交、地球環境問題等を担当。首相通訳や国連総会も経験。エジプトではカイロ庶民街のエジプト人家庭に2年間下宿し、現地の根の深い社会問題を実体験。外務省退職後、日本総研を経て2010年に独立。稲盛和夫氏に選抜されてＡＩＬＡ国際フェローとして米戦略国際問題研究所（ＣＳＩＳ）にてグローバルリーダーシップの研鑽を積む。100を超える企業・団体での経営者・リーダー開発のための研修やコンサルティング・顧問を経験。全世界90か国以上を視察。ケンブリッジ大学開発学修士、ビジネス・ブレークスルー大学院大学（大前研一学長）ＭＢＡ、大阪大学国際公共政策博士。大学教員としてアフリカでのソーシャルイノベーション創出にも注力。著書に『日本人の９割は正しい自己紹介を知らない』（祥伝社）などがある。

◉ 著者HP：山中俊之のオフィシャル・ウェブサイト
www.yamanakatoshiyuki.com
本書に関連して作成した「知見を高め、思索を深めるために訪問したい場所」「教養を身につけるための書籍」「おすすめの英語メディア」の３つのリストを掲載しています。併せてご覧ください。

◉ 著者エージェント：アップルシード・エージェンシー
http://www.appleseed.co.jp

世界《せかい》で通用《つうよう》する「地頭力《じあたまりょく》」のつくり方《かた》

自分《じぶん》をグローバル化《か》する5＋1の習慣《しゅうかん》

2018年3月10日　初版発行

著　　者――――山中 俊之
発 行 者――――小林 圭太
発 行 所――――株式会社ＣＣＣメディアハウス
〒141－8205 東京都品川区上大崎3丁目1番1号
電話　03－5436－5721（販売）
03－5436－5735（編集）
http://books.cccmh.co.jp

印刷・製本――――豊国印刷株式会社

Printed in Japan
ISBN 978-4-484-18207-0